ALEXANDER SCHMEMANN · DIE MUTTER GOTTES

Neue Kriterien 11

ALEXANDER SCHMEMANN

DIE MUTTER GOTTES

JOHANNES

QUELLENNACHWEISE

Die Mutter Gottes
Russische Predigten am Radiosender Freies Europa
in: Voskresnyje besedy, Paris 1989

Maria – Urbild der Menschheit
in: The University of Dayton Review, vol. 2, no. 3, 1975

Über die Mariologie in der Orthodoxie
in: Marian Library Studies, vol. 2, 1970

Maria und der Heilige Geist
in: Marian Library Studies, vol. 23, 1972

Amerikanische Ausgabe: The Virgin Mary

Aus dem Russischen und Amerikanischen übertragen
von Marta Pavlíková und Cornelia Capol

2. Auflage 2011

Druck: Steinmeier, Deiningen
ISBN 978 3 89411 412 1

INHALT

DIE MUTTER GOTTES

Einleitung

Ich bin überzeugt, alle, Ungläubige wie Christgläubige wissen, was für eine überragende, einzigartige Rolle im Glauben und Leben der Kirche der Verehrung Mariens, der Mutter Jesu Christi zukommt. Die kirchliche Tradition nennt sie seit frühester Zeit Mutter Gottes, Gottesgebärerin, Allreine, Allheilige... Und eines der meist verbreiteten, am häufigsten wiederholten kirchlichen Gebete preist Maria als ‹verehrungswürdiger als die Cherubim und unvergleichlich ruhmreicher als die Seraphim›, zeigt also, dass Maria größere Ehre gebührt als den Cherubim und sie von unermesslich größerer Herrlichkeit umgeben ist als die Seraphim, wie die Heilige Schrift die Engel nennt. Es gibt in der Kirche keinen Gottesdienst, ja kaum ein Gebet, in dem ihr Name nicht vorkommt.

Wie sollten wir nicht auch erwähnen, dass in der gesamten christlichen Kunst – der westlichen wie der östlichen – kein anderes Bild so allgegenwärtig ist wie dieses: die Mutter mit dem göttlichen Kind auf dem Arm? Betreten wir die Kirche, erblicken wir es am Ehrenplatz gleich neben den ‹königlichen Pforten› der Ikonostase und davor ein Meer brennender Kerzen. Und blicken wir noch etwas höher hinauf, entdecken wir über dem Altar in der Apsis der orthodoxen Kirchen oft ein Bild, das Maria in der Mitte zeigt, wo Maria also gleichsam als Herz der ganzen Welt erscheint mit der Überschrift: ‹Über Dich, Gnadenvolle, freuet sich alle Schöpfung›. Allein in Russland gab es über dreihundert sogenannte besonders verehrte oder ‹wundertätige› Ikonen der Mutter Gottes, Ikonen, die sich einer außergewöhnlichen Verehrung erfreuten. In nicht versiegenden Wellen wurden dort Gebete zu Maria getragen: als Lobpreis, aus Freude, als Hilferuf oder schlicht aus persönlicher Liebe.

Heute stellen jedoch viele Menschen – selbst, wie man heute sagt, die an Religion ‹Interessierten›, die vom Atheismus zum Glauben gefunden haben – Fragen nach dem Sinn der Verehrung der Mutter Jesu Christi. Diese Verehrung ist für sie nicht selbstverständlich, ja sie weckt sogar Bedenken. Gott, Christus, das ist klar. Doch Maria – wird ihr nicht allzu viel Platz eingeräumt? Hat ihr Bild in der Volksfrömmigkeit nicht das Bild ihres Sohnes verdrängt, ist eine solche Verehrung, eine solche Liebe nicht übertrieben? Ich spreche jetzt nicht von Ungläubigen, von Atheisten, von solchen, die Religion offen verunglimpfen. Für sie ist dieser ganze Kult, wie sie sagen, ein Mutter- oder Jungfrauenkult, totaler Aberglaube, ein Rest, ein Überbleibsel früherer Religionen mit ihrer Verehrung der Mutter-Erde und der fruchtbringenden Kräfte der Natur. Daher ist es heute bitter nötig, den eigentlichen Sinn, den wahren Inhalt und Hintergrund der uralten kirchlichen Verherrlichung der Frau zu erklären, die nach dem Bericht der Heiligen Schrift von sich selbst gesagt hat: ‹Siehe, von nun an werden mich selig preisen alle Geschlechter› (Lk 1,48).

Ich will sagen: ‹versuchen zu erklären›, denn eine solche Erklärung vorzulegen, ist nicht einfach. In einem Kirchenlied zur Jungfrau Maria singen wir: ‹Keine unreine Hand berühre die beseelte Wohnung Gottes.› Je höher und reiner, je heiliger und schöner das ist, worüber du sprechen willst, desto schwieriger ist es. Und schließlich ist es unmöglich, denke ich, in Worten das auszudrücken, was das kirchliche Bewusstsein aller Zeiten in diesem einzigartigen Bild sieht, erkennt, liebt und – mit solcher Freude und Liebe – lobpreist.

Warum verehren wir die Mutter Gottes?

Das Neue Testament spricht sehr wenig von Maria, der Mutter Jesu Christi. Von den vier Evangelisten erwähnen nur zwei, Matthäus und Lukas, die Geburt Christi in Bethlehem, das heißt sie nennen seine Mutter und berichten von den äußeren Umständen des Geschehens. Beim Evangelisten Markus vernimmt man von Maria überhaupt nichts. Bei Johannes erscheint sie zweimal: zu Beginn der Erzählung von der Hochzeit zu Kana in Galiläa (Joh 2,1-11), wo sie sich bei ihrem Sohn einsetzt für die Gastgeber des Hochzeitsmahls, denen der Wein ausgeht, sowie am Ende, wo die Mutter unter dem Kreuz steht, an dem ihr Sohn hängt. Die Apostelgeschichte, die in ihrem ersten Teil das Leben der christlichen Gemeinde in Jerusalem schildert, erwähnt Maria einmal, und zwar im ersten Kapitel, wo berichtet wird: ‹Diese alle verharrten einmütig im Gebet mit den Frauen und Maria, der Mutter Jesu...› (Apg 1,14). In keinem der übrigen Bücher des Neuen Testaments noch in den Paulus- und allen übrigen Apostelbriefen wird sie erwähnt.

Genau dieser Tatsache entnehmen ihr erstes und gewichtiges Argument alle, die die Verehrung der Mutter Gottes im Christentum – die im Leben der Kirche einen außerordentlichen und tatsächlich zentralen Platz einnimmt – als etwas gleichsam ‹Entlehntes›, etwas dem ursprünglichen Geist des Christentums und seiner frühen Lehre Fremdes betrachten. So lautete bereits im sechzehnten Jahrhundert das Argument der Protestanten, die der Ansicht waren, die der Mutter Gottes entgegengebrachte Verehrung habe in der Heiligen Schrift keine Grundlage und sei reiner Götzendienst. In der Kirche, so sagen sie uns, werde die Geburt der Mutter Gottes und ihre Einführung in den Tempel, ihre Entschlafung gefeiert. Doch keines dieser Ereignisse sei in der Heiligen Schrift, der Bibel, im Neuen Testament auch nur erwähnt, folglich seien sie alle menschliche Erfindungen, die der ursprünglichen Reinheit und Schlichtheit der christlichen Lehre schaden. Und weil dieses Argument in der Tat wichtig ist, antworten wir darauf, indem wir mit dem beginnen, was wir als Versuch bezeichnet haben, Inhalt und Sinn der Marienverehrung in der Kirche und ganz allgemein im Christentum zu erklären.

Ich beginne meine Antwort mit einigen Worten zur Erschließung religiöser Phänomene ganz allgemein. Es gibt nämlich – ja, das gab es schon immer – zwei Weisen, an solche Phänomene heranzugehen. Die eine Weise kann man als eine Annäherung von außen bezeichnen, die andere als eine Annäherung von innen.

Die einfachste Definition des Angehens von außen her besagt, dass es sich ganz auf Beweise stützt. ‹Beweise, dass es Gott gibt, beweise, dass Christus Gott ist, beweise, dass im christlichen Sakrament Brot zum Leib Christi wird, beweise, dass es eine andere Welt gibt... Beweise es, so werde ich dir glauben. Solange du es aber nicht bewiesen hast, werde ich nicht glauben.› Doch genügt es, alle diese ‹Beweise› hinreichend zu bedenken, damit uns klar wird, dass ein solches Angehen religiöser Phänomene nicht nur das Wesen der religiösen Phänomene, sondern nicht einmal das Leben ganz allgemein zu erfassen vermag, mit Ausnahme des vergleichsweise kleinen Bereichs der Naturwissenschaften. Dass das Wasser bei hundert Grad kocht, kann man beweisen. Dass Puschkin ein Genie ist, lässt sich jedoch nicht beweisen. Genau so wie man ganz allgemein nichts von dem beweisen kann, was sich auf die innere Welt, das innere Leben eines Menschen, auf seine Freude und Trauer, auf sein Trachten und seinen Glauben bezieht. Ich mache ebenfalls darauf aufmerksam, dass Christus selbst nichts bewiesen und die Menschen nur eingeladen hat zu sehen, zu hören und anzunehmen, was sie nicht gesehen, nicht gehört, nicht angenommen haben, ja heute noch – in großer Mehrheit – nicht sehen, nicht hören und nicht annehmen. Anders gesagt, je erhabener das Wahre, das Gute und das Schöne sich zeigt, desto weniger lässt es sich beweisen, desto weniger lässt es sich durch Beweise erschließen.

Dies führt uns zur zweiten Methode, die wir den Zugang von innen her nannten. Gerade dieses Herangehen verwenden wir in unserem wirklichen, nicht abstrakten Leben, ohne uns darüber Rechenschaft zu geben. Gerade auf diese Weise leben wir. So enthüllt sich uns zum Beispiel bei einem Menschen, den wir lieben, etwas, was ein Nichtliebender in ihm nicht wahrnimmt. Es enthüllt sich sein inneres Wesen, das dem äußeren Blick verborgen bleibt, sich aber der Liebe und Nähe, der Zuneigung und unmittelbaren Kenntnis eröffnet. Und somit, statt ‹von außen her› zu zählen, wie oft der Name der Mutter Jesu in dem einen oder anderen Text vorkommt, versuchen wir, die Frage nach ihrer Verehrung im christlichen Glauben völlig anders und in Übereinstimmung mit der schon erwähnten Methode ‹von innen her› zu stellen…

Ich formuliere es so: Wenn unser Glaube an Christus auch nichts anderes über seine Mutter wüsste, als dass es sie gab und dass sie Maria hieß, so wäre dieses einzige unscheinbare Wissen genug, um über sie das zu erfahren und um in ihrem Bild das zu sehen, um im Glauben und auch in unserem Herzen all das zu finden, was die Kirche in zweitausend Jahren in diesem Bild gesehen, wahrgenommen und erkannt hat. Man sagt, in der Schrift stehe nichts von der Geburt Mariens noch von ihrem Tod. Wenn es sie aber gegeben hat, wenn sie gelebt hat, so wurde sie auch geboren und starb auch. Ist unsere Liebe zu Christus, ist unser Glaube an Ihn wirklich gleichgültig all dem gegenüber, was in der Welt begonnen hat, als in ihr die Frau geboren wurde, deren Geschick es war, Seine Mutter zu werden? Kann dies wahr sein – sofern wir an die absolute, göttliche Einzigkeit Christi und an alles, was Er in der Welt vollbracht hat, glauben –, dass wir unseren geistigen und geistlichen Blick nicht auf die Frau richten, die Ihm das menschliche Leben geschenkt hat?

Anders gesagt, gerade aus der Liebe und dem Wissen, das nur die Liebe schenkt, entspringt die ganze Verehrung der Mutter Gottes, die ganze Liebe zu ihr und alles Wissen über sie. Und somit haben wir immer nur eine Möglichkeit, nur eine Wahl: Kommt, kostet und entscheidet selbst, ob es eine Erfindung und Mythologie ist oder ob sich die Wahrheit, das Leben und die Schönheit durch ihre Lebendigkeit, Tiefe und Schönheit selbst beweisen.

Die immer Jungfräuliche

Die Kirche ehrt die immerwährende Jungfräulichkeit Mariens, indem sie jeden Tag zu ihr betet: ‹Gottesgebärerin und Jungfrau, freue dich, Du Hochbegnadete, der Herr ist mit dir…› Muss man denn noch eigens erwähnen, dass der Glaube an Mariens unbefleckte Empfängnis, an ihre Jungfräulichkeit, für sehr viele unserer Generation noch immer ‹der Stein des Anstoßes und der Fels des Strauchelns› (Jes 8,14), ein Gegenstand des Befremdens und Nichtverstehens ist und ein Vorwand, die Christen des Aberglaubens zu bezichtigen? Auf dieses Befremden antworten die Gläubigen für gewöhnlich: dies ist ein Wunder und wir glauben es, wir müssen daran glauben, man kann es nicht verstehen…

Diese für Gläubige selbstverständliche Antwort erfordert jedoch eine Präzisierung. Einerseits versteht es sich ja von selbst: wenn Gott der Schöpfer der Welt und des Lebens und all ihrer Gesetze ist – wie die Gläubigen es glauben –, so hat er die Allmacht, diese Gesetze zu brechen, das heißt das zu vollbringen, was man gewöhnlich in der Sprache der Menschen ein Wunder nennt. Ein Wunder ist etwas, das über die uns bekannten Naturgesetze hinausgeht, was wir im Gegensatz zum ‹Natürlichen› als etwas Übernatürliches wahrnehmen. Wenn Gott Gott ist, dann ist er offensichtlich unendlich über die ‹Naturgesetze› erhaben, er ist allmächtig und völlig frei.

Das alles ist wahr, und ein Glaube, der Wunder ablehnt, das heißt, der Gott den begrenzten Naturgesetzen unterwirft, ist ja schließlich kein Glaube mehr. Das bedeutet aber nicht, dass uns, den gläubigen Christen, verboten wäre, uns und unseren Glauben nach dem Sinn eines Wunders zu fragen. Das christliche, vom Evangelium und von Christus selbst stammende Wunderverständnis ist nämlich ein besonderes Verständnis, das von uns eine vertiefte geistliche Achtsamkeit verlangt. Vor allem das Bild Christi. Das Evangelium schließt aus, ein Wunder als Beweis zu verstehen, als eine Tatsache, die den Menschen zu glauben zwingt. Ich sage, das Bild

Christi… Wahrhaftig, wenn es in diesem einzigartigen Bild etwas gibt, das überwiegt, dann ist es keineswegs der Wunsch, die eigene Gottheit mit Hilfe eines Wunders ‹zu beweisen›, sondern die letzte Demut. Der Apostel Paulus schreibt über Christus erstaunliche Worte: ‹Er, der in Gottesgestalt war, erachtete das Gottgleichsein nicht als Beutestück; sondern er entäußerte sich selbst, nahm Knechtsgestalt an und ward den Menschen gleich… Er erniedrigte sich selbst und wurde gehorsam bis zum Tode, bis zum Tod am Kreuz› (Phil 2,6-8).

Nirgends, nie, kein einziges Mal hat Christus gesagt, Er sei durch ein Wunder geboren worden, er hat diesen ‹Beweis› nicht verwendet. Und als Er, von allen verlassen, in seiner furchtbaren Agonie am Kreuz hing, verhöhnten Ihn die Umgebenden, indem sie ein Wunder verlangten: ‹Da steige er jetzt herab vom Kreuz, dann wollen wir an ihn glauben!› (Mt 27,42) Er aber stieg nicht vom Kreuz herab und sie glaubten nicht an Ihn. Die aber, die glaubten, glaubten, weil Er nicht vom Kreuz herabstieg, sie nahmen nämlich die Gottheit wahr, die ganze unendliche Größe gerade der Demut, gerade der völligen Vergebung, die vom Kreuz her strahlte: ‹Vater, vergib ihnen, denn sie wissen nicht, was sie tun!› (Lk 23,34)

Ich wiederhole, weder das Evangelium noch der echte christliche Glaube verhalten sich zum Wunder wie zu einem Beweis. Und zwar, weil ein solcher mit Hilfe eines Wunders vollbrachter Beweis den Menschen dessen beraubt, was das Christentum als das Wertvollste erachtet, er beraubt ihn seiner Freiheit. Christus will, dass die Menschen frei an ihn glauben, und nicht, dass sie durch ein ‹Wunder› zum Glauben gezwungen werden. ‹Wenn ihr mich liebt›, sagt Er, ‹werdet ihr meine Gebote halten› (Joh 14,15). Und wir lieben Christus – ach, in einem allzu schwachen Maß, so wie wir eben lieben – nicht um irgendeiner Leistung, nicht um der Allmacht, nein, wir lieben Ihn um Seiner Liebe und Demut willen, denn – um die Worte derer zu gebrauchen, die Ihm zugehört haben –: ‹Noch nie hat ein Mensch so geredet, wie dieser Mensch› (Joh 7,46).

Christus hat aber Wunder vollbracht: das Evangelium ist voll von Erzählungen über die Heilung von Kranken, über die Erweckung von Toten usw. Deshalb ist es angebracht zu fragen: Worin besteht der Sinn der Wunder, die Christus dennoch auf der Welt gewirkt hat? Wenn Christus nach den Worten des Evangelisten dort keine Wunder vollbracht hat, wo sie nicht an Ihn geglaubt haben, wenn Er die Menschen der Erwartung und Forderung eines Wunders überführt hat, warum hat Er sie dennoch vollbracht? Erst nachdem wir diese Frage beantwortet haben, vermögen wir es vielleicht, auch das Wunder aller Wunder, die immerwährende Jungfräulichkeit Mariens, Seiner Mutter, und den unerschütterlichen Glauben der Kirche an dieses Wunder zu verstehen.

Das Wichtigste ist, dass Christus alle Wunder, von denen wir aus dem Evangelium Kenntnis haben, aus Liebe vollbracht hat. ‹Er wurde von Mitleid mit ihnen ergriffen› (Mt 9,36), sagt der Evangelist. Er hatte Mitleid mit den Eltern des gestorbenen Mädchens, mit der Witwe, die den einzigen Sohn verloren hat, mit den sich freuenden Hochzeitsgästen, denen der Wein ausging, mit den Blinden, Krüppeln und Leidenden. Und das bedeutet, dass der Ursprung des Wunders die Liebe war und bleibt. Nicht um Seiner selbst willen, nicht um berühmt zu werden, nicht damit Er selbst und Seine Gottheit in Erscheinung treten, nicht um den Menschen Seine Gottheit zu beweisen, vollbringt Christus ein Wunder, sondern nur, weil Er liebt, und in Seiner Liebe kann Er das Leiden des hoffnungslos vom Bösen gefesselten Menschen nicht ertragen.

Dennoch scheint sich diese Erklärung nicht auf das Wunder zu beziehen, von dem wir sprechen: auf die Geburt Christi aus der Jungfrau, auf ihre immerwährende Jungfräulichkeit... Dieses seinem Wesen nach tatsächlich einzigartige Wunder, sofern wir uns so ausdrücken dürfen, dieses geheimnisvolle, nur dem Glauben enthüllte und nur dem Glauben bestätigte Wunder hat seinen Ursprung in unserem Glauben daran, dass Christus Gott ist, der Mensch wurde, der unsere Menschheit annahm, um sie zu erlösen. Wovon zu erlösen? Eben von der völligen, hoffnungslosen Versklavung unter die Natur und ihre unerbittlichen Gesetze, die uns nur auf einen Teil der Natur reduziert, nur auf die Materie, nur auf ‹Fleisch und Blut›. Der Mensch stammt jedoch nicht nur von der Natur. Er stammt vor allem von Gott, von der freien göttlichen Liebe, vom Geist.

Unser Glaube versichert uns: Christus stammt von Gott, er ist göttlich, Sein Vater ist Gott. Mit Christus, mit seiner Geburt, seinem Kommen in die Welt beginnt eine neue Menschheit, die nicht vom Fleisch stammt, nicht von der Begierde, der wir uns unterworfen haben, sondern von Gott. Gott selbst verlobt sich mit der Menschheit in der Person ihrer besten Frucht: in der Allreinsten Jungfrau Maria, und durch sie, durch ihren Glauben und ihren Gehorsam gibt Er uns Seinen eingeborenen Sohn. Der neue Adam kommt in die Welt, vereinigt sich mit uns und stellt den ersten Adam wieder her, der nicht von der ‹Natur›, sondern von Gott erschaffen worden ist. Das ist das, was wir – mit Zittern und Freude – erkennen, wenn wir an Christus glauben, das ist der Grund, warum wir, indem wir Ihn als Gott und Erlöser annehmen, in Seiner Mutter die strahlende immerwährende Jungfräulichkeit erkennen, und durch sie den Sieg des Geistes und der Liebe über die Materie und ihre Gesetze in der Welt.

Das Bild der Frau

Es herrschen Furcht und Leere in der Welt. Einsamkeit. Das Leben ist unendlich schwer. Und deshalb streben so viele Menschen nur danach, diesem verlogenen und freudlosen Leben zu entrinnen. Die einen versinken in hemmungsloser Trinksucht, andere versuchen, die Lügner selbst zu hintergehen und ihnen wenigstens ein Stück des schlichtesten, triebhaften Glücks zu entwinden, wieder andere versinken in sinnlosen

Träumereien. Doch dies alles stellt sich jedesmal, früher oder später, als eine Sackgasse heraus, und furchtbarer noch wird das Erwachen und die gewaltsame Rückkehr an die verhasste Arbeit. Nicht ohne Grund ist in der heutigen Zeit jeder Lebensbereich zu einem ‹Problem› geworden. Das Problem der Gesellschaft. Das Problem der Arbeit. Das Problem der Geschlechter. Das Problem der Frau. Das Problem des Glücks... Und dies alles ist freilich zum Problem geworden, weil einerseits die fertigen, von der staatlichen Indoktrinierung gelieferten Antworten und Vorschriften, bar jeder Wirkung, ihrer Lüge und Leere überführt, längst aufgehört haben, Antworten zu sein, und weil es anderseits keine anderen Antworten gibt und wir so oft nicht wissen, wo und wie sie suchen. Leere und Zynismus breiten sich in unserem Bewusstsein aus, und so wollen wir sie übertönen, sie fliehen.

Manche gelangen in der heutigen Zeit zur vagen Erkenntnis, dass echte Antworten unmöglich sind, solange der Mensch nicht zum Höheren und Ewigen aufbricht, solange er nicht den Glauben findet. Doch man kann auf verschiedene Weise an Gott glauben. Auch der Glaube kann ja nur ein Sich-Zurückziehen sein, nur eine Flucht, eine Art psychologischer

Rausch, das heißt der Glaube kann ein Pseudo- oder Schein-Glaube sein. O weh, sogar im Namen des Glaubens, im Namen Gottes kann man hassen und Böses tun, zerstören statt aufbauen. Hat nicht Christus selbst gesagt, dass ‹viele unter seinem Namen kommen werden› und dass sie ‹viele irreführen› werden (Mt 24,5)? Und hat nicht Christus ebenfalls gesagt, dass nicht jeder, der zu ihm sagt ‹Herr, Herr›, ins Himmelreich eingehen wird (Mt 7,21)? Deswegen haben die Christen von Anfang an nicht gefragt: ‹Glaubst du?› – sie wussten ja, dass die, die Christus gekreuzigt und verraten haben, auch irgendwie an etwas glaubten. Nein, die Christen haben gefragt: ‹Wie glaubst du? Und an was?›

Gerade hier, beim Versuch, auf diese für den echten Glauben grundlegende Frage zu antworten, steigt fast unbewusst, fast unwillkürlich, vor unserem inneren Blick das Bild der jungfräulichen Mutter auf. Ach, das bedeutet keineswegs, dass dieses Bild das Bild Christi auf irgendeine Weise überschattet oder dass es für den Glauben sozusagen einen zweiten, von Christus sich unterscheidenden Gegenstand darstellt. Nein, denn von Christus selbst, ausschließlich von Ihm, erhalten wir dieses Bild als ein Geschenk, als eine Offenbarung all dessen, worüber die Lehre Christi handelt und wozu Christus uns ruft. Worin besteht, so frage ich mich selbst, seine Kraft und seine Hilfe für uns?

Meine erste Antwort wird vielleicht manche überraschen. Sie lautet: es ist das Bild der Frau. Christi erste Gabe an uns, die erste und tiefste Offenbarung Seiner Lehre und Seines Rufes werden uns im Bild einer Frau gegeben. Warum ist das so wichtig, so tröstlich, so heilend? Weil unsere Welt eine hoffnungslos männliche Welt geworden ist. In unserer Welt herrschen Überheblichkeit und Aggressivität, alles wird auf die Macht- und Beherrschungsmittel reduziert, auf Produktion und Produktionsmittel, auf Konkurrenz und Gewalt, auf die Weigerung nachzugeben, sich zu demütigen, still zu werden, sich in die sanfte Tiefe des Lebens zu versenken. Und ausgerechnet all dem widerspricht, all das entlarvt – allein durch seine Gegenwart – das Bild der Jungfrau Maria, der Allreinen Mutter, das Bild der grenzenlosen Demut, aber auch der Stärke und Schönheit der Demut, das Bild der Reinheit und ihrer Stärke und Schönheit, das Bild der Liebe und des Sieges dieser Liebe.

Die Jungfrau Maria, die Allreine Mutter, fordert nichts und erhält alles. Sie strebt nach nichts und besitzt alles. Das Bild der Jungfrau Maria enthält alles, was es in unserer männlichen, stolzen und aggressiven Welt fast nicht mehr gibt: Mitgefühl, Mitleid, Fürsorge, Vertrauen. Sie sagt über sich selbst: ‹Siehe, die Magd des Herrn› (Lk 1,38), und wir nennen sie Königin des Himmels und der Erde, Herrscherin und Herrin. Die Jungfrau Maria lehrt nichts, sie beweist nichts, aber allein ihre Gegenwart, allein das Licht und die Freude dieser Gegenwart nehmen die von uns erfundenen und erzwungenen Probleme einfach weg. Wie wenn wir nach einem langen, qualvollen, ermüdenden Tag heimkommen und alles wird wieder klar, und alles wird von diesem unaussagbaren Glück erfüllt, welches das einzige wahre Glück ist.

Christus hat gesagt: ‹Suchet vielmehr zuerst das Reich› (Mt 6,33). Hier, in dieser Frau – Jungfrau, Mutter, Fürsprecherin – spüren wir, nicht mit dem Verstand, sondern mit dem Herzen, was es heißt, das Reich zu suchen und zu finden, und was es heißt, durch das Reich zu leben.

Die Ursache der Marienverehrung in der Kirche war schon immer Mariens Gehorsam an Gott, die vertrauensvolle Verfügbarkeit, die sie gegenüber dem im menschlichen Sinn unerhörten Ruf geleistet hat. Die orthodoxe Kirche hat im allgemeinen stets dieses Band zwischen Maria und der Menschheit unterstrichen. Sie erfreute sich an Maria – wenn man es so ausdrücken darf – als an der besten, reinsten und erhabensten Frucht der Menschheitsgeschichte, des menschlichen Suchens nach Gott, und in Gott nach dem letzten Sinn und Inhalt der Menschheit selbst. Während im Westen, in der westlichen Christenheit, im Zentrum der Marienverehrung stets das Bild der Jungfrau stand, deren Jungfräulichkeit durch die Mutterschaft nicht versehrt worden ist, war und bleibt für den orthodoxen Osten das Herzstück seiner Liebe zu Maria, seiner Marienbetrachtung und – ich wiederhole – der Freude an ihr immer Mariens Mutterschaft, ihre leibliche Verbindung mit Jesus Christus.

Der orthodoxe Osten freut sich vor allem darüber, dass die Menschheit selbst am Kommen des Sohnes Gottes auf die Erde mitgewirkt hat, an der erlösenden Offenbarung Gottes, der

Mensch geworden ist, um den Menschen mit Seiner göttlichen Berufung wieder zu vereinigen. Wenn das Freudigste und Tiefste am christlichen Glauben die ‹Verwandschaft› Christi mit uns ist, die Tatsache, dass Er wirklich ein Mensch ist und kein Trugbild und keine geheimnisvolle Erscheinung, dass Er einer von uns ist und durch Seine menschliche Natur auf ewig mit uns verbunden bleibt, dann wird die liebevolle Verehrung der Frau verständlich, die Ihm diese menschliche Natur, unseren Leib und unser Blut, gegeben hat. Die Verehrung der Frau, dank derer sich Christus so nennen konnte, wie Er sich immer genannt hat: ‹der Menschensohn›. Der Sohn Gottes, der Menschensohn... Gott, der sich zum Menschen herablässt, um ihn göttlich zu machen, oder, wie die Kirchenlehrer sagen, um ihn zu vergöttlichen, ihn zum Teilnehmer an der Gottheit zu machen. Gerade hier, gerade diese erschütternde Offenbarung über die wirkliche Natur, über die wirkliche Berufung des Menschen, ist der Ursprung der dankbaren und liebevollen Beziehung zu Maria als unserer Verbindung mit Christus und in Christus mit Gott.

Und nirgends zeigt es sich mit größerer Klarheit als am Fest der Geburt der Gottesgebärerin. In der Heiligen Schrift wird von diesem Ereignis nichts gesagt. Was kann man auch Besonderes über die Geburt eines Kindes sagen, über die Geburt, die allen Geburten gleicht? Und wenn die Kirche in einem besonderen Fest dieses Ereignisses gedenkt und es feiert, dann nicht, weil es etwas Außergewöhnliches oder Außerordentliches wäre, eine Art Wunder, nein, sondern weil seine Gewöhnlichkeit selbst einen neuen und strahlenden Sinn in all dem offenbart, was wir ‹das Gewöhnliche› nennen, weil sie den Kleinigkeiten des menschlichen Lebens eine neue Tiefe verleiht, von denen wir so oft sagen, dass sie ‹nichts bedeuten›.

Schauen wir uns die Ikone dieses Festes an, betrachten wir sie mit unseren geistlichen Augen. Auf dem Lager liegt eine Frau, die eben ein Mädchen geboren hat. Die kirchliche Überlieferung hält fest, dass sie Anna hieß. Neben ihr sitzt der Vater, dessen Name nach derselben Überlieferung Joachim lautet. Neben dem Lager besorgen die Frauen die erste Waschung des Neugeborenen. Das gewöhnlichste Ereignis ohne jegliche Bedeutung. Wirklich? Will uns die Kirche mit dieser Ikone nicht vor allem sagen, dass das Kommen eines neuen menschlichen Wesens auf die Welt, ins Leben, ein

Wunder aller Wunder ist? Ein Wunder, das das Gewöhnliche eben durcheinander bringt, denn hier gibt es einen Anfang, der kein Ende mehr hat und haben wird? Hier gibt es den Anfang eines einzigartigen, unwiederholbaren menschlichen Lebens, das Entstehen einer neuen Person, in deren Erscheinen die Welt gleichsam neu erschaffen wird, und so werden diesem neuen Menschen sein Leben, sein Weg sowie sein Werk geschenkt und übergeben.

Somit feiern wir an diesem Fest, erstens, das Auf-die-Welt-Kommen des Menschen an sich, das Kommen, von dem im Evangelium gesagt wird, dass wenn es vollzogen ist, wir ‹nicht mehr an die Bedrängnis denken vor Freude darüber, dass ein Mensch zur Welt geboren ist› (Joh 16,21). Zweitens: wir wissen jetzt, wessen Geburt, wessen Kommen wir feiern. Wir kennen die Einzigartigkeit, die Schönheit, den Reichtum des Segens eben dieses Kindes und seines Schicksals, seiner Bedeutung für uns und für die ganze Welt. Und drittens: wir feiern all das und alle, die Maria gleichsam vorbereitet haben, die sie mit diesem Reichtum und dieser Schönheit erfüllt haben. Man spricht in unserer Zeit viel von der Vererbung, indem man ihr den Sinn von Knechtschaft und Determinismus unterstellt.

Die Kirche glaubt auch, dass es eine Vererbung gibt, aber eine geistliche. Wieviel Glaube war nötig, wieviel Gutes, wieviele Generationen von Menschen, die aus dem Höheren und Himmlischen lebten, damit am Baum der Menschheit diese wunderbare und duftende Blüte erwuchs – die Allreine Jungfrau und Allheilige Mutter! Und deshalb ist es ebenfalls ein Fest der Menschheit selbst, ein Fest des Glaubens an die Menschheit und der Freude über die Menschheit. Ach, weit sichtbarer und verständlicher ist die Vererbung des Bösen. In der Tat, es gibt so viel Böses um uns herum, dass der Glaube an den Menschen, an seine Freiheit und an die Möglichkeit einer guten und positiven Vererbung in uns beinahe erloschen ist, oder sich in Skepsis und Misstrauen verwandelt hat.

Und genau diese böse Skepsis und dieses verzagte Misstrauen fordern uns auf, die Kirche ausgerechnet an dem Tag von uns zurückzuweisen, an dem sie – mit welcher Freude, mit welchem Glauben – die Geburt eines kleinen Mädchens feiert, in dem sich das Gute, die sittliche Schönheit und die Vollkommenheit versammeln, die die wahre menschliche Natur bilden. Durch dieses neugeborene Mädchen und in ihm begegnet die Welt dem ihr entgegenkommenden Christus. Dieses Mädchen ist unsere Gabe an Gott, unsere Begegnung mit Gott. Und so befinden wir uns schon auf dem Weg nach Bethlehem, zur Krippe, zum freudigen Geheimnis der Gottesmutterschaft.

Mariens Einführung in den Tempel

Früher, in Zeiten, die noch nicht weit zurückliegen, von denen uns aber Jahrtausende trennen, wie es manchmal scheint, wurde das Leben in erster Linie durch geistliche, religiöse Feste bestimmt. Natürlich kannten nicht alle den genauen Inhalt eines jeden Festes, doch alle gingen in die Kirche, und für viele, vielleicht sogar für die Mehrheit, war ein Fest vor allem die Möglichkeit auszuschlafen, zu essen, zu trinken und auszuruhen. Dennoch fühlte offensichtlich ein jeder, auch wenn er sich dessen nicht klar bewusst war, dass ein Fest ein Durchbruch ins Leben des Hohen und Klaren ist, eine Berührung mit der Welt anderer Realitäten, eine Erinnerung an etwas, was man im Alltag, das heißt in der Hast und Müdigkeit des täglichen Lebens, vergisst und überhört.

Schon die Namen der Feste: Einführung in den Tempel, Geburt, Erscheinung des Herrn, Begegnung, Verklärung, ja schon die Worte an sich – durch ihre Feierlichkeit und Fremdheit, in ihrer geheimnisvollen Schönheit – waren Erinnerung, Aufruf, Hinweis... Ein Fest, das war gleichsam ein Seufzer des Menschen nach einer verlorenen, aber bezaubernden Schönheit, ein Seufzer nach der Möglichkeit von etwas Anderem.

Unsere heutige Welt ist aber zu einer Werktags-Welt, einer feierlosen Welt geworden. Nicht einmal das Aufpfropfen staatlicher, ‹sozialer› Feste beseitigt den Anflug von Asche, Traurigkeit und Enttäuschung. Denn, ich wiederhole, das Wesen der Feste besteht eben im Durchbruch, im Aufschwung in eine andere Wirklichkeit, in die Welt der geistigen Schönheit und des Lichtes. Wenn es aber diese Wirklichkeit nicht gibt, wenn es im Grunde genommen nichts zum Feiern gibt, dann wird man kein Fest durch künstliche Aufschwünge schaffen können.

Das Fest ‹Mariens Einführung in den Tempel›. Was sagt es uns? Etwas ganz Schlichtes: Ein kleines Mädchen wird von den Eltern nach Jerusalem in den Tempel gebracht. Es ist nichts Ungewöhnliches, in jener Zeit taten es viele, es war ein üblicher Brauch. In den Tempel bringen bedeutet nämlich, das Leben mit Gott in Berührung zu bringen, dem Leben ein endgültiges Ziel und eine Bestimmung zu setzen, es von innen her mit dem Licht einer höheren Erfahrung zu erleuchten.

Doch bei dieser Gelegenheit wurde das Mädchen dorthin geführt – so erzählt es der kirchliche Gottesdienst an diesem Tag –, wo niemand außer dem Hohenpriester eintreten durfte, es wurde an den Ort gebracht, der ‹das Allerheiligste› genannt wird, in das geheimnisvolle, heilige Innere des Tempels. Der Name des Mädchens ist Maria. Sie ist die künftige Mutter Jesu Christi, die Frau, durch die – wie die Christen glauben – Gott selbst in die Welt, zu den Menschen gekommen ist, um ihr Leben zu teilen und seine Gottheit zu offenbaren. Sind das bloß Märchen? Oder ist uns etwas gesagt und eröffnet, was nicht in gewöhnlichen menschlichen Worten mitgeteilt werden konnte, etwas, was sich direkt und unmittelbar auch auf unser Leben bezieht?

Hier stand der prächtige und strenge Tempel, die Herrlichkeit Jerusalems. Jahrhundertelang haben die Menschen geglaubt, der Mensch könne nur in ihm, nur hinter seinen strengen

Mauern Gott begegnen. Der Hohepriester aber nimmt Maria bei der Hand und führt sie zum Allerheiligsten, und heute singen wir: ‹Der allreine Tempel des Erlösers, das kostbare Gemach und die Jungfrau, die heilige Schatzkammer der Herrlichkeit Gottes wird heute in das Haus des Herrn eingeführt.› Und später hat Christus gesagt: ‹Reißt diesen Tempel nieder, und in drei Tagen werde ich ihn wieder aufrichten.› Der Evangelist fügt hinzu: ‹Er aber redete von dem Tempel seines Leibes› (Joh 2,19.21).

Der Sinn all dieser Ereignisse, dieser Worte, all dieser Erinnerungen ist leicht zu verstehen: Von nun an wird der Mensch zum Tempel, von nun an sind nicht mehr Steine und nicht mehr Altäre, sondern ist der Mensch – seine Seele, sein Leib und sein ganzes Leben – die heilige und göttliche Mitte der Welt, er ist ihr ‹Allerheiligstes›. Ein lebendiger, menschlicher Tempel begibt sich in einen anderen, in einen steinernen, materiellen Tempel, und vollendet von innen her dessen Sinn und Bestimmung.

Das Zentrum der Religion verlagert sich, ja mehr noch, der Schwerpunkt des Lebens verlagert sich. In die Welt wird eine Lehre eingeführt, die nichts höher stellt als den Menschen, denn Gott selbst nimmt das menschliche Bild an, um zu offenbaren, dass die Bestimmung des Menschen wie seine Berufung göttlich sind. In diesem Augenblick beginnt die Freiheit des Menschen. Es gibt nichts mehr über ihm, denn die Welt selbst ist für ihn da, sie ist eine Gabe Gottes, die ihm gegeben wird, damit sich sein göttliches Schicksal erfülle.

Seit die Jungfrau Maria ins ‹Allerheiligste› getreten ist, wurde das Leben selbst zum Tempel. Und wenn wir das Fest der Einführung in den Tempel feiern, wird der göttliche Sinn des Menschen, die Größe und die Klarheit seiner Berufung gefeiert. Man kann sie nie aus dem menschlichen Gedächtnis löschen, nie ausmerzen.

Verkündigung

Verkündigung! Einst war es einer der freudigsten und heitersten Tage im Jahr, ein Fest, das ganz bewusst, ja sogar unbewusst, meine ich, eine jubelnde Intuition war und somit ein heiterer Blick auf Welt und Leben.

Das Lukasevangelium (1,26-38) berichtet die Geschichte der Verkündigung:

Im sechsten Monat aber wurde der Engel Gabriel von Gott in eine Stadt in Galiläa namens

Nazaret gesandt zu einer Jungfrau, die verlobt war mit einem Manne namens Joseph aus dem Hause Davids; und der Name der Jungfrau war Maria. Und er trat zu ihr ein und sprach: ‹Freue dich, du Begnadete; der Herr ist mit dir.› Sie aber erschrak über das Wort und sann nach, was dieser Gruß bedeuten solle. Der Engel sprach zu ihr: ‹Fürchte dich nicht, Maria, denn du hast Gnade gefunden bei Gott. Siehe, du wirst empfangen und einen Sohn gebären und sollst ihm den Namen Jesus geben. Dieser wird groß sein und Sohn des Höchsten genannt werden. Und Gott der Herr wird ihm den Thron seines Vaters David geben; herrschen wird er über das Haus Jakob in Ewigkeit, und seiner Herrschaft wird kein Ende sein.› Maria aber sprach zu dem Engel: ‹Wie wird dies geschehen, da ich keinen Mann erkenne?› Der Engel antwortete ihr: ‹Heiliger Geist wird über dich kommen, und Kraft des Höchsten wird dich überschatten; darum wird auch das, was geboren wird, heilig genannt werden, Sohn Gottes. Siehe, Elisabet, deine Verwandte, auch sie hat einen Sohn empfangen in ihrem Alter, und dies ist der sechste Monat für sie, die als unfruchtbar gilt, denn bei Gott ist kein Ding unmöglich.› Maria aber sprach: ‹Siehe, die Magd des Herrn, mir geschehe nach deinem Wort.› Und der Engel schied von ihr.

Natürlich, für das sogenannt atheistisch-wissenschaftliche Angehen der Religion bietet die Erzählung der Verkündigung im Evangelium – aus der das Fest erwuchs – besonders viel Anlass, von ‹Mythen und Legenden› zu reden. Ist es denn üblich, sagen positiv Denkende und rational Eingestellte, dass jungen Frauen Engel erscheinen und mit ihnen Gespräche führen? Erwarten die Gläubigen wirklich, dass Menschen des zwanzigsten Jahrhunderts, Menschen der technologischen Zivilisation und wissenschaftlichen Einstellung dies alles glauben? Verstehen die Gläubigen wirklich nicht, dass dies alles sinnlos, unwissenschaftlich und unwahrscheinlich ist?

Auf diese Fragen, diesen Spott und Hohn kann der Gläubige stets nur die eine und selbe Antwort geben: Ja, es ist tatsächlich unmöglich, dies alles in eure triviale Weltanschauung einzufügen; ja, solange das Gespräch über Gott und Religion auf dem Niveau chemischer Experimente und mathematischer Berechnungen geführt wird, werdet ihr siegen, doch ihr feiert einen leichten Sieg. Hier gibt es nämlich nichts zu beweisen noch zu bestreiten, selbst mit Hilfe von Chemie und Mathematik. In der Sprache eurer Wissenschaft haben Worte wie Engel, frohe Botschaft, Freude oder Demut überhaupt keinen Sinn. Doch warum denn bei der Religion stehen bleiben? In eurer Sprache bedeuten eine gute Hälfte der Worte eigentlich nichts, und deshalb macht ihr einen fürchterlichen Druck auf Poesie, Literatur, Philosophie, ja überhaupt auf jede menschliche Sehnsucht. Ihr möchtet, dass die ganze Welt sich um dasselbe sorgt wie ihr, um die Produktion und die ökonomischen Gesetze, um das Kollektiv und die Programme. Die Welt aber sorgt sich nicht darum und so wird man sie mit eisernen Handschuhen anfassen müssen, damit sie sich darum kümmert, oder besser noch, damit sie tut, als kümmere sie sich darum.

Ihr sagt, jeder Gegenstand der Sehnsucht sei nicht wahr, da er nicht existiere. – Die Menschen aber lebten in Wirklichkeit immer durch die Sehnsucht, sie leben und werden weiterhin dank ihrer leben, ja sie drücken das Tiefste, das für sie Notwendigste in der Sprache der Sehnsucht aus. Ich weiß nicht, was ein Engel ist, ich kann nicht in eurer Sprache erklären, was vor zweitausend Jahren in einer kleinen galiläischen Stadt geschehen ist und wovon das Lukasevangelium berichtet. Ich denke, die Menschheit hat diese Erzählung nie vergessen und die wenigen Zeilen haben in einer unendlichen Anzahl von Bildern, Dichtungen und Gebeten Fleisch angenommen, ja sie inspirierten und inspirieren weiterhin. Und das heißt schließlich, dass die Menschen darin etwas vernommen haben, was für sie unendlich wichtig ist, eine Wahrheit, die man mit höchster Wahrscheinlichkeit nicht anders als in dieser kindlich freudigen Sprache ausdrücken kann.

Wovon handelt diese Wahrheit? Was geschah, als eine junge Frau, fast noch ein Mädchen, plötzlich – aus welcher Tiefe, aus welcher Höhe! – den wunderbaren Gruß vernommen hat: ‹Freue dich!›? Wirklich, der Engel hat Maria geheißen: ‹Freue dich!›

Die Welt ist voll von zahllosen Büchern über Kampf und Wettbewerb; damit will man beweisen, dass der Weg zum Glück über die Feindseligkeit führt. In allen diesen Büchern kommt das Wort ‹Freude› kein einziges Mal vor, ja die Menschen wissen sogar nicht mehr, was dies ist. Doch die Freude, die der Engel verkündet hat, bebt weiterhin in der Welt und erregt und erschüttert auch die menschlichen Herzen. Geht am Vorabend der Verkündigung in die Kirche.

Wartet in diesem langen Gottesdienst auf den Augenblick, wo, nach langer Erwartung, nach langem Anschwellen der Chor zu singen beginnt, so leise und so göttlich wunderschön: ‹Die Stimme des Erzengels ruft dir zu, du Reine: Freue dich, du Gnadenerfüllte, der Herr ist mit dir!›

Jahrhunderte sind vergangen und wir alle hören noch immer diesen Aufruf zur Freude, und eine warme Welle der Freude überschwemmt unser Herz. Was denn für eine Freude? Vor allem natürlich die Freude über die Frau, deren Bild die Welt erfüllt und uns aus den Ikonen anblickt, das zu einem der hervorragendsten und reinsten Ausdrücke menschlicher Kunst und menschlicher Sehnsucht geworden ist. Treue, Reinheit, Ganzheit, restlose Hingabe, endlose Demut – all das, was auf ewig in der Antwort Mariens an den Engel mitschwingt: ‹Siehe, die Magd des Herrn, mir geschehe nach deinem Wort.› Sagt, ob es irgendwo auf der Welt – in ihrer so reichen und verwickelten Geschichte – etwas Wunderbareres und Schöneres gibt, als dieses Bild des Menschen. Über sie, über die Allreine und Allheilige, ‹freut sich› tatsächlich ewig ‹die ganze Schöpfung›, wie die Kirche singt. Auf die Lüge über den Menschen, auf seine Reduktion auf das Irdische und Biologische, auf das

Gemeine und Tierische, auf seine Unterwerfung unter die unverbrüchlichen und unpersönlichen Gesetze der Natur antwortet die Kirche mit dem Bild Mariens, der Allreinen Mutter Gottes, zu der nach den Worten eines russischen Dichters ununterbrochen ‹aus riesiger Menge / süßeste menschliche Tränen› emporsteigen.

Somit ist es die Freude darüber, dass in Maria die Unwahrheit überwunden ist, die Lüge über den Menschen, mit der die Welt ununterbrochen angefüllt wird. Freude des Trostes, Freude des Reichtums, denn das Bild Mariens begleitet uns immerzu als Stärkung und Ermutigung, als Inspiration und Hilfe. Es ist Freude darüber, dass wir auf dieses Bild blickend so leicht an das himmlische Blau der Welt glauben, an die himmlische Berufung des Menschen. Es ist Freude über die Verkündigung, über die frohe Botschaft, die der Engel gebracht hat, dass die Menschen bei Gott Gnade gefunden haben und dass bald, bald, durch sie, diese niemandem bekannte galiläische Frau das Geheimnis der Welterlösung sich zu vollziehen beginnt: Gott kommt zu ihr, und er kommt nicht mit Getöse, nicht furchterregend, sondern in der Freude und Unversehrtheit der Kindheit; durch sie tritt ein Kind in die Welt ein, ein schwaches, wehrloses

Kind, das aber für immer und ewig alle Mächte des Bösen entmachtet.

Das ist es, was wir am Fest der Verkündigung feiern und warum dieses Fest stets eine solche Freude, ein solches Licht war und auf immer bleiben wird.

Nochmals, es lässt sich in euren Kategorien nicht verstehen und ausdrücken, weil euer ganzer sogenannt wissenschaftlicher Atheismus sich eben darauf beschränkt, dass ihr eigenmächtig und kategorisch eine ganze Dimension menschlicher Erfahrung für nichtexistent, unnötig und schädlich erklärt habt, und dass ihr all die Worte und Begriffe für nichtexistent erklärt habt, in denen sie ausgedrückt werden. Um mit euch in eurer Sprache zu streiten, muss man zunächst in einen dunklen Keller hinabsteigen, wo man den Himmel nicht mehr sieht – und deshalb wird er geleugnet, wo die Sonne nicht scheint – und darum gibt es sie angeblich nicht, wo alles hässlich, gemein und dunkel ist – und darum wird die Schönheit verneint, wo Freude unmöglich – und somit alles böse und traurig ist. Wenn du aber aus dem Keller herauskommst und dich aufrichtest, findest du dich in einer vor Freude jubelnden Kirche und hörst dort wieder: ‹Die Stimme des Erzengels ruft dir zu, du Reine: Freue dich, du Gnadenerfüllte, der Herr ist mit dir!›

Versammlung zu Ehren der Allheiligen Gottesgebärerin Der zweite Weihnachtstag

Man wird sicher ohne Übertreibung sagen dürfen, dass die Verehrung der Jungfrau Maria, der Mutter Gottes, in der Kirche wie ein Baum aus seinem Samen aus ihrer Betrachtung an der Krippe in Bethlehem gewachsen ist. Als Jesus Christus in der für die Christen einzigartigen Nacht geboren wurde, ist das Bild der Mutter mit dem Kind auf dem Arm zum wichtigsten, tiefsten und freudigsten Vorbild unseres Glaubens, unserer Hoffnung und unserer Liebe geworden und blieb es für immer. Mit anderen Worten: alle Feste, alle Gebete, alle Liebe, die sich an die Mutter Gottes wenden, haben ihre Wurzeln in der Feier der Geburt Christi.

In alten Zeiten, noch vor dem Entstehen des kirchlichen Kalenders, war das einzige Fest zu Ehren der Jungfrau Maria dieser zweite Tag nach der Geburt Christi, der 26. Dezember, ein Tag, der bis heute ‹Versammlung zu Ehren der

Allheiligen Gottesgebärerin› heißt. Genau hier, in der kirchlichen Feier der Geburt Christi, in den Gebeten und Hymnen dieses Tages, finden wir die tiefste Schicht dieses dem christlichen Glauben eigenen Themas der Gottesgebärerin, das heißt unserer Beziehung zu Maria, unseres Wahrnehmens ihres Bildes und ihrer Person und auch ihres Ortes in unserem Glaubensleben.

Durch die ganze Feier der Geburt Christi zieht sich wie ein roter Faden ein Thema, ein Motiv: nämlich das Betrachten der Mutter Christi als eine Gabe der Welt, als eine Gabe der Menschheit, und somit als unsere Gabe für den in die Welt und zum Menschen kommenden Gott. ‹Was bringen wir Dir, Christus›, fragt eines der Weihnachtsgebete, und antwortet sogleich: ‹Alles, was Du erschaffen hast, heißt Dich willkommen und schenkt Dir seine Gaben: Der Himmel einen Stern, die Engel den Gesang, die Sterndeuter ihre Gaben, die Hirten ihre Freude, die Erde die Höhle, die Wüste die Krippe. Wir Menschen bringen Dir als Gabe die jungfräuliche Mutter...›

Worin besteht der tiefe Sinn dieses seltsamen Gesangs? Eben darin, dass die Welt, die ganze Schöpfung sich nicht nur nach der Vereinigung mit Gott sehnt, dass sie nicht bloß auf das Kommen Gottes zu uns wartet, sondern dass sie diese Begegnung auch vorbereitet, so dass der Kern des christlichen Glaubens diese freie und liebevolle Begegnung zwischen Gott und Mensch sein wird.

Für das heutige, durch die oberflächliche Vernünftigkeit ausgetrocknete und abgestumpfte Gehör klingen die Worte vom Himmel, der dem in die Welt kommenden Gott einen Stern bringt, oder von der Erde, die Ihm Höhle und Krippe schenkt, fast wie eine poetische Metapher, wie Dichtung, die ‹wie jeder weiß›, keine ‹objektive› Bedeutung, keine Beziehung zur Wirklichkeit hat. Was unsere vernünftige Erkenntnis jedoch nicht berücksichtigt, ist, dass Dichtung, und vielleicht nur sie, den tiefen Sinn oder besser die Tiefe jeder Erscheinung und jeder Wirklichkeit, ihre verborgene Kraft und Wahrheit, die dem kleinen, selbstgefälligen, nur mit dem Äußeren der Dinge sich beschäftigenden Verstand verborgen bleibt, zu sehen, zu hören und uns weiterzugeben und zu offenbaren vermag. Der Himmel, der Christus zum Geschenk einen Stern bringt! Was bedeutet es, wenn nicht, dass alles in der Welt und vor allem die Welt selbst in ihrer Ganzheit und Harmonie, die Welt selbst in ihrem Wesen, gleichsam im voraus dazu bestimmt und darauf hin ausgerichtet ist, in sich einen höheren Sinn erscheinen zu lassen. Es bedeutet, dass die Welt selbst nicht zufällig, nicht sinnlos ist, sondern im Gegenteil: die Welt ist Sinnbild Gottes, Sehnsucht nach Gott, Warten auf Gott.

‹Die Himmel rühmen die Herrlichkeit Gottes› (Ps 19,2). Die Dichtung weiß es, der Glaube weiß es. Und deshalb sehen die Dichtung und der Glaube in der Geburt Christi nicht nur das Kommen Christi, sondern auch die Ihm entgegen kommende Bewegung der Welt: den Stern, die Wüste, die Höhle, die Krippe. Die Engel, die Hirten, die Sterndeuter. Und als das strahlende Herz, als den Knotenpunkt und die Fülle all dieser Bewegungen: Maria, die beste und schönste Frucht, die göttliche Blüte des Weltalls. ‹Du gibst uns aus Liebe Deinen Sohn›, so spricht gleichsam der Glaube zu Gott. ‹Wir geben Dir in unserer Liebe Maria, die jungfräuliche Mutter, damit der Sohn Gottes Sohn des Menschen werden, damit Er einer von uns sein und uns in sich mit Gott vereinen kann.›

In der Person Mariens vollzieht sich gleichsam die Hochzeit Gottes mit der Welt, die Erfüllung ihrer gegenseitigen Liebe. Das Evangelium sagt: ‹Denn so sehr hat Gott die Welt geliebt, dass er seinen eingeborenen Sohn dahingegeben hat...› (Joh 3,16) Die Kirche antwortet: ‹Denn so sehr hat die Welt Gott geliebt, dass sie Ihm die gab, in deren Schönheit und Reinheit der tiefe Sinn und der tiefe Inhalt der Welt sich offenbaren...› Bevor der Glaube in Maria die Mutter und Fürsprecherin kennenlernt, bevor die Verehrung Mariens in unzähligen Gebeten, Festen und Darstellungen ihre Fülle findet, vor all dem wird uns deshalb – als Grundlage und Ursprung – die göttliche Fülle offenbart. Die göttliche Schönheit dieser Nacht und in ihrer Mitte das blendende Licht, das vom Bild Mariens mit dem Kind auf dem Arm ausgeht. Alles, was in der menschlichen Sünde, in der Bosheit und im Stolz auseinandergebrochen ist, wird wieder eins: Himmel und Erde, Gott und Mensch, Natur und Geist. Die Welt wird zum Lob, die Worte werden zur Liebe und zum Lied, der Leib wird zur Gabe, die Natur zur Krippe. Die Liebe, mit der Gott von Ewigkeit her die Welt geliebt hat, und die Liebe, mit der die Welt in ihrer letzten Tiefe von Ewigkeit her Gott liebt, werden geeint und erfüllt und sichtbar in diesem Bild, in dem Bilde, das keiner je aus dem menschlichen Gedächtnis und aus dem menschlichen Bewusstsein auszumerzen vermag.

Wenn wir dieses Bild betrachten und uns daran freuen, schauen wir das einzige wahre Bild der Welt, des Lebens und des Menschen. Und wenn wir die jungfräuliche Mutter verwöhnen, freuen wir uns vor allem darüber, was in ihr über uns selbst aufgedeckt worden ist, und über die Tiefen Gottes, über die Schönheit, Weisheit und das Licht der Welt, wenn sie sich mit dem sie erschaffenden und liebenden Gott vereinigt.

Mariens Schutz

Das Herbstfest, das Fest Mariens Schutz, ist bei uns besonders beliebt, obwohl es nicht in Russland, sondern in Konstantinopel entstanden ist, und zwar – auch wenn es uns heute seltsam erscheint – als Feier des Sieges über unsere Vorfahren, die damals die Hauptstadt belagerten. Nach der Überlieferung haben einige Menschen während der Belagerung in der Kirche gebetet und die Mutter Gottes gesehen, wie sie ihren Schleier über die Stadt hielt und für die Stadt betete. Und wie es in der Geschichte nicht selten geschieht: das lokale, durch die lokalen Umstände beschränkte Ereignis ist sozusagen über sich selbst hinausgewachsen, nahm Dimensionen der weiten Welt an und erlangte Bedeutung für die ganze Menschheit. In Vergessenheit geraten sind der geschichtliche Zusammenhang der Ereignisse und die konkreten Umstände, es blieb aber das Bild der Mutter, die ihre in Bedrängnis geratenen Kinder beschirmt, beschützt und tröstet.

Dieses Fest wurde zum Herzstück der Wahrnehmung Mariens als Mutter, die am Kreuz die ganze Menschheit zu Kindern erhält, die wie eine Mutter alle unsere Bitterkeiten, alle Leiden, allen unaufhörlichen Schmerz unseres irdischen Daseins in ihr Herz aufnimmt. ‹Auch deine eigene Seele wird ein Schwert durchdringen, auf dass die Gedanken aus vielen Herzen offenbar werden…› (Lk 2,35) Die Worte des gerechten Greises Simeon, ausgesprochen an dem Tag, an dem Maria das Kind in den Tempel brachte, um es Gott zu weihen, drangen tief in die Seele der Gläubigen ein. Die Mutter Jesu Christi, die den furchtbaren Schmerz der Anteilnahme und des Mitleids gespürt hat, als sie unter dem Kreuz ihres Sohnes stand, ist gleichsam zur Gabe für uns Menschen geworden, zur Gabe der mütterlichen Liebe, des mütterlichen Mitleids und der mütterlichen Anteilnahme…

Im Laufe der Jahrhunderte haben die Menschen diesen spürbaren Schutz über der Welt gesehen und ihn mit ihrem geistigen Auge wahrgenommen, sie haben sich darüber gefreut und fanden in ihm Trost und Hilfe. ‹Heute feiern wir rechtgläubigen Menschen glänzend ein Fest. Durch Deine Ankunft behütet, o Mutter Gottes...› Der Narr um Christi willen, Andreas, der die Vision hatte, hat erzählt, wie er die Mutter Gottes weinen sah. ‹Die Mutter Gottes›, sagte er, ‹betete auf den Knien und weinte dabei...›

Viele Jahrhunderte später antwortet Vater Sergej Bulgakov – ein großer russischer Philosoph und Theologe, der in seiner Jugend vom christlichen Glauben zum Marxismus übergetreten, dann aber ins väterliche Haus zurückgekehrt ist – in unheilvoller Zeit, in der Millionen vom Glauben abgefallen waren, als Zeuge der religiösen Berufung seines Volkes auf die Frage nach dem Sinn dieser Tränen. In einer Predigt zu diesem Fest sagt er:

‹...Nicht nur vor tausend Jahren betete die Gottesgebärerin in Tränen, sie betet heute und hier, und immer und überall, bis zum Ende der Zeiten. Und ihr Schutzmantel breitet sich ... nicht nur über die damals Anwesenden aus, sondern über das ganze Menschengeschlecht. Über der ganzen Welt und auch über uns Sündern leuchtet der behütende und rettende Schutzmantel der Mutter Gottes, auch wenn wir keine Augen haben, die würdig sind, das zu sehen. Die Mutter Gottes vermittelt zwischen Erde und Himmel. Sie ist die Anwältin der Welt, die Gebete zum Thron der Herrlichkeit Gottes emporträgt. Sie ist Liebe und Barmherzigkeit, Gnade und Mitleid, Vergebung und Beistand. Sie richtet nicht, sondern leidet mit allen. Sie ist weder die Wahrheit des Gerichts noch das Gericht der Wahrheit, sie ist mütterliche Fürsprecherin. Und beim Jüngsten Gericht ihres Sohnes bittet sie den gerechten Richter um Vergebung.

Die Sünde und der Schmerz der Welt verwunden ihr liebendes Herz, auf Bosheit und Sünde antwortet die Mutter Gottes mit Liebe und Tränen; das Schwert durchbohrt auch heute ihr Herz. Die Mutter Gottes weint über die Welt. Was bedeutet dieses Geheimnis? Die Welt weint über sich selber mit ihren Tränen. Das Leid und der Schmerz der Welt sind auch ihre Traurigkeit, das Schluchzen der Welt sind auch ihre Tränen... Sie ist die Mutter! Sie ist das Herz. Sie ist der Acker ohne Saat... Würden die menschlichen Augen das Licht der Mutter Gottes in der Welt sehen, so würden sie die geheimnisvoll sich vollziehende Verwandlung der Welt kennen. Würden die harten Herzen ihre Tränen sehen, so würden sie erzittern und schmelzen. Es kann nämlich kein so versteinertes Herz geben, das vor dieser sich seiner erbarmenden Liebe nicht schmelzen würde. Auf die Bosheit antwortet sie mit Liebe, auf die Sünde mit Tränen, auf die Schmähung mit Vergebung, auf den Mord mit Lobpreis.›

Und Vater Sergej fährt fort: ‹Die Welt in ihrem Schmerz wird nicht allein gelassen, der Mensch im Kummer wird nicht verlassen. Verwundet und zerrissen wird das mütterliche Herz, zusammen mit uns weint die Mutter Gottes über uns. Wir wissen doch, wessen Herz unsere Sünden verwunden, wessen Tränen unseren Fall abwaschen... Das russische Volk hat das Fest Mariens Schutz, das im fernen Konstantinopel entstanden ist, liebgewonnen. Doch nicht dort, sondern im fernen nördlichen Land hat man damit begonnen, den Schutz der Welt durch die Mutter Gottes mit Freude zu besingen und zu feiern. Die Seele unseres Volkes neigte sich dieser wundervollen Erscheinung zu, in unserem ganzen Land erhoben sich Kirchen, die dem Schutz Mariens geweiht wurden, und unser

Volk beugte das Knie seines Herzens zusammen mit der auf den Knien betenden Mutter Gottes. Und heute hüllt sich unser Volk in seinem großen Leid in ihren Schleier. Und heute, in der Not und im Leid, hört die Mutter Gottes denn nicht das Stöhnen und Ächzen, vernimmt sie denn nicht auch das Weinen und Schluchzen?

Ich glaube und ich weiß, dass die Barmherzige auch heute vor uns steht und betet und weint über das schreckliche russische Schicksal. Hört unser Herz ihr Weinen? Kennt es ihr Gebet und ihren Trost? Kennt es ihren Schleier über unserem Land? Ja, es hört und kennt es, wenn es sich im Gebet vor der Allreinen verneigt. Sie hat unser Land nicht verlassen, auch wenn es satanische Versuchungen erduldet.›

Diese Predigt hat Vater Sergej Bulgakov am Anfang der gottlosen, antireligiösen Raserei in unserem Land gehalten. Noch heute aber behalten diese Worte ihre ganze Kraft.

Denn ungeachtet neuer Formen, die dieser Kampf annimmt, bleibt er ein Kampf – ein Kampf um die Ausrichtung, um die Wahl der menschlichen Herzen, und nicht nur der vielen einzelnen Herzen, sondern auch des einen Herzens des Volkes, um seine Wahl und seine Treue. ‹Freue dich, unsere Freude! Beschütze uns vor allem Bösen mit deinem heiligen Schutzmantel!› Dieser Schwung des Lobpreises und der Freude, dieses Gebet um Hilfe, Schutz und Trost bestimmte einst unser geistliches Schicksal. Und gäbe es noch so viel Sünde und Abfall, mag das Dunkel des Lebens noch so grauenvoll sein, dieses strahlende Bild der Mutter, der Fürsprecherin, der Trösterin, der Beschützerin der Welt war mit uns, über uns, in uns... Das Fest des Schutzes Mariens ruft uns wieder auf, zu diesem Bild zurückzukehren – und in dieser Rückkehr zurückzukehren zur Heilung und Erneuerung.

Entschlafung der Gottesgebärerin

Im August feiert die Kirche das Ende des irdischen Lebens Mariens, sie feiert ihren Tod, den wir mit dem Wort Entschlafung bezeichnen: mit einem Wort, in dem sich Schlaf mit Seligkeit, Frieden, Ruhe und Freude verbindet.

Die Kirche gedenkt des Todes der Frau, deren Sohn den Tod besiegt hat, der von den Toten auferstanden ist und uns die endgültige Auferstehung und den Sieg des unsterblichen Lebens verheißen hat. Die Ikone, der am Tag der Entschlafung der Platz in der Mitte der Kirche gebührt und die so gleichsam das Zentrum der Feier bildet, gibt vielleicht am besten Wesen und Sinn dieses Todes wieder. Auf dieser Ikone wird die Gottesgebärerin auf dem Sterbelager dargestellt. Sie ist tot. Um sie herum stehen die Apostel Christi, und über ihr sieht man Christus. Er hält auf dem Arm seine Mutter, die nun lebendig und auf ewig mit ihm vereint ist. Auf diese Weise sehen wir den Tod und gleichzeitig das, was sich in diesem Tod bereits vollzogen hat: keine Trennung, sondern Vereinigung, keine Trauer, sondern Freude und letztlich, in letzter Tiefe, keinen Tod, sondern Leben. ‹Die du nach der Geburt jungfräulich und nach dem Tode lebendig bist›, singt die Kirche auf die Ikone blickend, und fügt hinzu: ‹Im Gebären hast du die Jungfräulichkeit bewahrt, im Entschlafen die Welt nicht verlassen...›

Es kommen uns die Worte eines der tiefsten und schönsten Mariengebete in den Sinn. Die Worte des Gebetes, in dem Maria ‹Glanz des geheimnisvollen Tages› genannt wird. ‹Freue dich, Glanz des geheimnisvollen Tages!› Das Licht dieses Glanzes ergießt sich gerade aus dem Fest der Entschlafung – schauend diesen Tod und stehend an diesem Sterbelager verstehen wir gleichsam, dass es keinen Tod mehr gibt, dass selbst das Sterben eines Menschen zur Tat des Lebens geworden ist, zum Eintritt in ein größeres Leben, in ein Leben ohne Ende. Christus empfängt an der lichten Tür des Sterbens die Frau, die sich ihm ganz hingegeben und ihn bis zum Ende geliebt hat, – und der Tod wird zur freudigen Begegnung, das Leben feiert den Sieg und über allem erstrahlt Freude und Liebe. Maria, Jungfrau und Mutter, ist eine von uns.

Die Kirche betrachtete jahrhundertelang den Tod der Frau, die die Mutter Jesu war, die unserem Erlöser und Herrn das Leben gab, die sich Ihm ganz – bis zu ihrem Stehen unter dem Kreuz – hingegeben hat. Die Kirche vertiefte sich und wuchs in diesen Tod hinein. Und in dieser Betrachtung hat sie keine Angst, kein Entsetzen, kein Ende erblickt, gefunden und wahrgenommen, sondern die strahlende, wahrhaft österliche Freude. ‹Zu deiner unsterblichen Entschlafung haben wir uns versammelt›, singt die Kirche an diesem Fest im ersten Lied und drückt schon in den Anfangsworten das Wesen dieser Freude aus. ‹Unsterbliche Entschlafung›. ‹Unsterblicher Tod›.

Was bedeutet diese widersprüchliche, auf den ersten Blick absurde Wortverbindung? Im

Fest der Entschlafung öffnet sich das gesamte freudige Geheimnis dieses Todes und es wird zu unserer Freude... Wenn nämlich der Tod Entsetzen und Leid der Trennung, Abstieg in furchtbare Einsamkeit und Dunkelheit bedeutet, gibt es das alles im Tod der Jungfrau Maria nicht. Denn ihr Tod ist – so wie ihr ganzes Leben – nur Begegnung, Liebe, ein Zuschreiten auf das unvergängliche, nie untergehende Licht der Ewigkeit und ein Eingehen in dieses Licht. ‹Die vollendete Liebe treibt die Furcht aus›, sagt der Liebesapostel Johannes der Theologe (1 Joh 4,18). Und deshalb gibt es in der unsterblichen Entschlafung der Jungfrau Maria keine Angst. Der Tod wird von innen her besiegt, er wird von allem befreit, was uns mit Entsetzen und Verzweiflung erfüllt. Man kann sagen: selbst der Tod wird zum Leben und zum Sieg des Lebens. Der Tod wird zum ‹Glanz des geheimnisvollen Tages›. Und deshalb gibt es an diesem Fest keine Traurigkeit, kein Schluchzen am Grab, kein Leid: nur Licht, nur Freude. Als würde sich schon für jeden von uns, der dieser unvermeidlichen Schwelle sich nähert, eine Tür öffnen, und als würden aus ihr die Strahlen des künftigen Sieges, des künftigen Himmelreichs hereinfallen und leuchten.

An diesen Augusttagen, wenn die Welt der Natur den Höhepunkt an Schönheit erreicht und selbst zum Lob, zur Hoffnung und zum Zeichen der anderen Welt wird, erklingen im einzigartigen Festlicht die Worte des Gebetes: ‹Die in Fürbitten unermüdliche Gottesgebärerin und in der Fürsprache unerschütterliche Hoffnung haben Grab und Tod nicht überwältigt; denn als die Mutter des Lebens hat sie zum Leben hinübergeführt Der, welcher einst ihren immerwährend jungfräulichen Schoß zur Wohnung genommen hatte.› Der Tod hört auf, Tod zu sein. Der Tod leuchtet vor Ewigkeit und Unsterblichkeit. Der Tod ist keine Trennung, sondern eine Vereinigung. Keine Trauer, sondern Freude. Keine Niederlage, sondern ein Sieg. Das ist es, was wir am Tag der Entschlafung der Allreinen Mutter feiern, ergriffen und bestärkt, im voraus verspürend den bereits aufstrahlenden Glanz des geheimnisvollen Tages.

MARIA – URBILD DER MENSCHHEIT

I

Eigentlich entstanden sämtliche christlichen Dogmen – als exakte begriffliche Formulierungen des kirchlichen Glaubens und Lebens – als Antwort und Reaktion auf die verschiedenen Verstümmelungen und Verzerrungen dieses Glaubens zu *Häresien* im eigentlichen Sinn des Wortes ‹airesis›, also einer Auswahl, einer Reduktion und Deformation. Somit ist einer der besten Wege, den wahren Sinn des einen oder anderen konkreten Dogmas wieder zu entdecken, dieses Dogma im Zusammenhang mit der verurteilten ‹Häresie› und mit der Frage, auf die es antwortet, wahrzunehmen.

Wir leben heute in einer Welt voller ‹Häresien›: voll willkürlicher Auswahl und willkürlicher Reduktion. Sie ist wirklich nicht bloß eine zerbrochene Welt mit zerbrochener Schau und zerbrochener Erkenntnis. Ihre verborgene Tragödie besteht darin, dass jedes ‹Fragment›, das sich aus dieser Zerbrochenheit ergibt, sich als die *ganze* Wahrheit beteuert und als solche wahrgenommen wird, dass jede ‹Reduktion› als ‹das Ganze› verkündet wird. An diesem tragischen Reduktionismus sind die Christen schuldiger als alle übrigen. Denn statt dies mit dem Licht und der Kraft des *Katholischen*, nämlich mit der ganzen, allumfassenden und totalen Schau zu heilen, kapitulieren sie – meist um einer oberflächlichen ‹Sachlichkeit› willen – vor den partiellen und zerbrochenen ‹Reduktionen dieser Welt›.

Das beste Beispiel dafür ist die Mariologie. Während manche Christen daraus das höchste Symbol ihres überzeugten ‹Konservatismus› machen und in der Nostalgie ihres mittelalterlichen Glanzes leben, wenden sich viele andere, ja die Mehrheit, schweigend von ihr ab als eben von etwas ‹Mittelalterlichem›, ‹Archaischem›, also Entbehrlichem zu Gunsten von etwas, das laut ihren Vorstellungen die neue Begegnung des Christentums mit der ‹modernen› Welt sein sollte. Und sie tun es, weil sie sich nicht fragen, auf welche ewige Frage die Mariologie in der Kirche Antwort gibt, welche wichtige – explizite oder implizite – *Häresie* sie widerlegt und überwindet. Doch nur wenn wir fähig werden, in unserer Kenntnis und Verehrung Mariens wieder das wahrzunehmen, was *wesentlich* ist –

und ohne das unsere christliche Schau aufhörte, *katholisch* zu sein, ja sich verzerren, verdunkeln, verstümmeln würde –, nur wenn wir, anders gesagt, wieder verstehen lernen, wie sehr die Mariologie mit der Fülle des christlichen Glaubens zusammenhängt, wird uns der eigentliche Sinn des Mariologischen in der Kirche wieder verständlich.

II

Alles, was ich in meinem Beitrag kurz skizzieren kann – ohne es zu ‹beweisen› noch weiter auszuführen –, ist die ganz allgemeine Perspektive, in der, nach meiner Meinung, die reiche mariologische Tradition der Kirche heute in unserer geistlich gebrochenen Welt wieder erforscht und verstanden werden sollte.

Die erste Aufgabe hier besteht, so scheint mir, in der genauen Bestimmung der ‹Häresie›, auf die die Mariologie antwortet, obwohl diese christliche Antwort offensichtlich die Frage übersteigt, ja letztlich deren wahre Natur verwandelt. Ich bin sicher, dass diese ‹Häresie› den Menschen und die menschliche Natur betrifft und dass der wesentliche theologische Zusammenhang für ein richtiges Verständnis der kirchlichen Verehrung Mariens vor allem der *anthropologische* Zusammenhang ist. Dies galt schon vor Jahrhunderten, als die Entwicklung der lehrmäßigen Aspekte der Mariologie begann; es gilt insbesondere für heute.

Die geistige Erkrankung unserer Zeit muss, vom christlichen Standpunkt aus gesehen, tatsächlich als *anthropologische Häresie* bezeichnet werden. Ihre Wurzel ist ein völlig deformiertes Verständnis des Menschen und seines eigenen Wesens und Lebens. Der erstaunlichste und wahrlich paradoxe Aspekt dieser Häresie, der seltsamerweise weder von ihren Verteidigern noch von ihren Gegnern wahrgenommen worden ist, liegt in ihrem grundsätzlichen inneren Widerspruch, nämlich zugleich ein anthropologischer *Minimalismus* und ein anthropologischer *Maximalismus* zu sein.

Zunächst ein anthropologischer *Minimalismus*. Er zeigt sich und wird bestätigt vor allem in den sogenannten *Geisteswissenschaften*, deren gesamter Schwerpunkt in der Reduktion des Menschen auf ein Phänomen liegt, das völlig von einem Netzwerk unpersönlicher Naturgesetze bestimmt wird. Der Mensch selbst ist bloß Ergebnis und ‹Instrument› dieses Netzwerks.

Diese Reduktion wird auf vielen Ebenen erforscht und bekräftigt: auf der Ebene der Biologie und Genetik, der Ökonomie, Soziologie und Psychologie. In allen diesen Bereichen aber fehlt gleichermaßen die menschliche *Freiheit*, die Möglichkeit einer echten, persönlichen Selbstbestimmung. Die alte Definition Feuerbachs, ‹der Mensch ist, was er isst›, hat sich ausgedehnt, so dass sie das gesamte ‹Phänomen Mensch› erfasst hat und zur grundlegenden ‹Arbeitshypothese› für die verschiedensten Annäherungen an dieses Phänomen geworden ist.

Ebenso ist aber unsere Kultur von einer unerhörten *Verherrlichung* des Menschen geprägt und in der Tat auf diese Verherrlichung hin bezogen, ja zum Ausdruck eines *anthropologischen Maximalismus* von bisher unbekanntem Ausmaß geworden. Der Pathos unserer ‹modernen Welt› ist eine endlose Beteuerung der absoluten Rechte und der Freiheit des Menschen, die Suche nach seiner *Befreiung* und *Selbstverwirklichung*, die Verwerfung von allem, was seinen ‹Möglichkeiten› Grenzen setzt.

Das erstaunliche Paradox unserer Kultur besteht allerdings darin, dass diese zwei Auffassungen vom Menschen, diese zwei ‹Anthropologien›, die sich offensichtlich ausschließen, in

Wirklichkeit aber ‹zusammenhängen›, ja, das grundlegende Weltverständnis des ‹modernen Menschen› ausmachen, der darüber hinaus noch den Anschein erweckt, von der elementaren Absurdität dieses Weltverständnisses überhaupt nichts wahrgenommen zu haben. Der Mensch ist ‹nichts›, dennoch soll er ‹alles› sein. Es gibt in ihm keine ‹Freiheit› und dennoch ist er frei. Die Person als Subjekt, das seine Natur ‹übersteigt›, gibt es nicht, doch der Mensch hat persönliche ‹Rechte›. Er wird durch seinen Leib bestimmt, hat aber das Recht, über diesen zu ‹verfügen›. Er hat keine ‹Seele›, ist aber ein ‹absoluter Wert›...

Würde sich dieses Paradox, diese Absurdität auf ein Gebiet bloß theoretischer Spekulation beschränken, so könnte es als ein sonderbares Beispiel eines logischen Widerspruchs leicht abgetan werden. In Wirklichkeit aber ist es der Ursprung der heutigen Tragödie und des Dilemmas des Menschen, die Quelle des in unserer Kultur immer markanteren apokalyptischen Geruchs. In christlichen Begriffen ausgedrückt: es ist eben eine *Häresie* über den Menschen, die, wie alle Häresien, vor allem eine *existentielle* und nicht bloß eine theoretische Verstümmelung und Verzerrung anzeigt, die früher oder später ein völliges Chaos und totale Finsternis nach sich ziehen wird. Einen Vorgeschmack dieser Finsternis verspüren wir heute unmissverständlich... Und die Finsternis besteht in Folgendem: der *verherrlichte* und *befreite*, das heißt ‹maximalisierte› Mensch bleibt unausweichlich Sklave seines eigenen ontologischen ‹Minimalismus›, ein Sklave, dessen Träume von Glück und Selbstverwirklichung im absoluten Sinn dieses Wortes – *sinnlos* sind.

Diese ‹gebrochene Anthropologie›, den Ursprung all unserer Tragödien und Sackgassen, sollten die Christen heute zu heilen versuchen. Und sie können es, davon bin ich überzeugt, sofern sie in der Mariologie die Schau und erforderliche Kraft für diese Heilung wahrnehmen.

III

Auf der Ebene der Lehre begann die Mariologie bekanntlich als Erläuterung des Begriffs *Theotokos* – ‹Gottesgebärerin› –, anlässlich der großen christologischen Auseinandersetzung im vierten und fünften Jahrhundert. Dies bedeutet auch, dass die Mariologie von Anfang an als ein wesentlicher Bestandteil der *Christologie* verstanden wurde, also letztlich als ein Teil der christlichen Wahrnehmung von Gott und Mensch. Der Begriff *Theotokos*, der zunächst in der *lex orandi*, das heißt als ein liturgischer Begriff vorkam, wurde zunächst als theologisch absurd – ‹Wie kann Gott eine Mutter haben?› – und irreführend – ‹Maria ist Mutter Christi und nicht Mutter Gottes› – in Frage gestellt. Dennoch wurde er dann nicht nur als liturgisch zulässig beibehalten, sondern die Kirche hat ihn darüber hinaus (im dritten ökumenischen Konzil im Jahr 431 in Ephesus) als angemessenen Ausdruck des Mysteriums der Menschwerdung und als eine wesentliche *Offenbarung* seines Sinnes bestätigt. Und dies führt, obwohl der Sieg von Ephesus sich mehr in der liturgischen Verehrung Mariens als in der theologischen Spekulation über sie ausdrückt, zu einer Schau von unbeschreiblicher Tiefe und Schönheit. Diese Schau müssen wir heute entziffern, denn – und das ist mein Hauptpunkt – diese Schau enthält und enthüllt den *anthropologischen* Ausdruck und die anthropologische Dimension der Christologie. Sie ist sozusagen die Frucht der Christologie in der Anthropologie.

Die Mariologie entfaltet sich in zwei simultanen und – was noch hinzugefügt werden muss – komplementären Bewegungen. Beide Bewegungen sind nicht nur möglich, sondern ebenso wichtig und somit notwendig. Die erste – die eigentlich ‹christologische› – Bewegung besteht in der Darlegung und Wahrnehmung der Rolle Mariens bei der Menschwerdung, die als Mitwirkung bezeichnet werden kann. Darin haben wir zweifellos den Ursprung und die wesentliche Grundlage der Mariologie, denn die Mariologie entsteht mit Christus, nicht mit Maria ‹an sich›. Christus, nicht Maria, ist die Mitte unseres Glaubens als sein absoluter Inhalt und seine Kraft, seine Fülle und Freude. Dennoch wird uns im Blick auf die Rolle Mariens bei der Menschwerdung, auf ihre Mitwirkung, unvermeidlich Maria *selbst* offenbart – was sich in der zweiten Bewegung auswirkt –, unser *Wissen um Maria* erfüllt sich in unserer *Kenntnis Mariens*. Weil das ‹Werkzeug› uns als *Person* offenbart wird, verleiht die Person dem ‹Werkzeug› seinen eigentlichen Sinn. Ich bin überzeugt, dass beide Aspekte, beide Dimensionen, die in einer großartigen und wunderschönen Synthese das Wesen der Verehrung der *Theotokos* in der Kirche ausmachen, für das christliche Verständnis des Menschen unentbehrlich sind und die grundlegenden Voraussetzungen für eine wahre christliche Anthropologie enthalten.

IV

Es gibt solche – und heute sind sie zahlreicher denn je –, die der Ansicht sind, eine theologische Erforschung der Mariologie sollte nicht über das Studium ihres ‹mitwirkenden› Aspekts hinausgehen. Maria betreffe uns nur insoweit, als sie das ‹Werkzeug› ist bei Christi Annahme der menschlichen Natur. Dies scheint ihr Standpunkt zu sein. Sie akzeptieren die mariologische Frömmigkeit, aber eben als Frömmigkeit, ohne nach ihrer theologischen Bedeutung zu fragen. Sie verstehen offenbar nicht, dass sie, indem sie so abgrenzen, eine Trennungslinie ziehen zwischen Theologie und ‹Frömmigkeit›, also die Frömmigkeit in einen unabhängigen Bereich verwandeln und die Mariologie zu einem geradezu unabhängigen ‹Kult› machen, dessen Gefährlichkeit und Übertreibungen in den letzten Jahren auch angeprangert worden sind. Sie sehen aber Folgendes nicht: Wenn Maria ein wichtiger Bestandteil der Antwort ist auf die wichtige Frage ‹Wer ist Christus?›, dann stellt diese Antwort wiederum eine weitere wichtige Frage, die Frage ‹Wer ist Maria?›, und damit die Frage ‹*Wer* und *was* ist das menschliche Wesen selbst?›. Vielleicht können wir aber der Bedeutung der beiden *Bewegungen* im christlichen Glauben, der grundlegenden christlichen ‹Weltanschauung› ansichtig werden, indem wir die oben erwähnte Ganzheit der Mariologie der anthropologischen ‹Häresie› gegenüberstellen.

Wie paradox es auch klingen mag, die Mariologie in ihrem ersten, ‹mitwirkenden› Aspekt verschafft der ‹minimalistischen› Dimension der modernen Schau des Menschen eine gewisse theologische Rechtfertigung. Das könnte uns allenfalls helfen, den anthropologischen Minimalismus als eine ‹verrückt gewordene christliche Wahrheit›, *vérité chrétienne devenue folle*, zu verstehen und sie so als ein Teil der Wahrheit, die sie zweifellos auch enthält und einschließt, zu heilen.

Das Christentum, durch die moderne Verherrlichung des Menschen und seiner uneingeschränkten ‹Freiheit› herausgefordert, möchte wie die moderne Wissenschaft betonen, der Mensch sei nicht bloß ein Teil der ‹Natur›, sondern ein von der Natur abhängiger und grundsätzlich ihren ‹Gesetzen› unterworfener Teil. Es gibt also eine gewisse Parallele zwischen der wissenschaftlichen Auffassung des Menschen, wobei die Hauptkategorie die Abhängigkeit ist, und der theologischen, biblischen Schau des

Menschen, die seine völlige Abhängigkeit von Gott, dem Schöpfer der Welt, von der ‹Natur› und ihren ‹Gesetzen›, betont. Es besteht ferner eine Annäherung zwischen der Wissenschaft und dem Glauben darin, den Menschen als ein ‹Werkzeug› zu sehen, sei es als ein Werkzeug in einem natürlichen Prozess oder als ein Werkzeug in Gottes Ratschluss und Plan. So wie die Wissenschaft vom Menschen den ‹Gehorsam› gegenüber den objektiven Naturgesetzen verlangt, so beginnen die Heilige Schrift und der christliche Glaube mit der ‹bedingungslosen Hingabe› des Menschen an Gott, in totalem Gehorsam und in Demut.

Bleibt dies noch eigens zu beweisen? In der Ökonomie des christlichen Glaubens steht Maria da – als die Erste von allen – als höchster Ausdruck dieser elementaren Menschlichkeit und des Gehorsams gegenüber dem Willen Gottes, und somit auch des Gehorsams gegenüber der ‹Natur› selber, die letztlich ‹Werkzeug› des göttlichen Willens und Ratschlusses ist. Darin liegt übrigens einer der Hauptgründe, warum Maria von vielen ‹modernen› Christen ‹verworfen› wird: sie kann schwerlich als ein Symbol der ‹Befreiung› gedeutet werden, die das absolute ‹Recht› des Menschen auf das Verfügen über sein Leben und seinen Leib betont, und zwar in einer vom Menschen selbst gewählten Weise und zu einer ‹Selbstverwirklichung›, die er selber bestimmt.

So beginnt nicht nur die ‹Wissenschaft›, sondern auch die ‹Religion› in einem gewissen ‹anthropologischen Minimalismus›, indem sie eine gewisse *Beschränkung* des Menschen anerkennt und Gott wie eine göttlich festgelegte Ordnung und Natur annimmt. Und so steht Maria, ‹die Magd des Herrn› (Lk 1,38), ‹doule kyriou›, in der Mitte der kirchlichen Schau der Welt, des Menschen und des Lebens als die höchste Frucht und somit als höchste Verwirklichung dieses ‹Magdtums›, der Demut und des Gehorsams, ohne die man in das Geheimnis der wahren Gemeinschaft zwischen Gott und Mensch nicht eintreten kann.

Wir sind vom anthropologischen ‹Minimalismus› ausgegangen und wenden nun unsere Aufmerksamkeit von dem ersten, ‹mitwirkenden› Aspekt der Mariologie ihrem zweiten Aspekt zu – Maria, so wie sie selbst im Geheimnis der Menschwerdung und im Leben der Kirche gezeigt wird. Was wir hier entdecken, ist wiederum die Wurzel, die erste Inspiration, diesmal aber die Wurzel des anthropologischen

‹Maximalismus›, der, wie wir gesehen haben, den zweiten Pol der modernen Weltanschauung darstellt. Wir entdecken ihn als eine andere ‹verrückt gewordene christliche Wahrheit›.

Was in der Tat am Bild Mariens – im Evangelium und später im Glauben und in der Tradition der Kirche – entscheidend ist, was in der Mitte dieses Bildes steht und die Marienverehrung mit ehrfurchtgebietendem Staunen und nie endender Freude inspiriert, ist eine andere Art *Abhängigkeit:* diesmal die Abhängigkeit der Menschwerdung selbst, des göttlichen Plans, von der freien und persönlichen Wahl Mariens, von ihrer freien Annahme des göttlichen Rufes. Der göttliche Plan und somit die göttliche ‹Natur› offenbart sich verdichtet in einer freien Person, das heißt in einer Person, die fähig ist, alle Grenzen zu überschreiten und die ‹Natur›, die sich selbst in Freiheit erfüllt, zu offenbaren. Die Erlösung ist nicht mehr ein Vorgang, der ein ontologisch untergeordnetes und passives Wesen rettet; sie wird offenbart als *synergeia*, als ein Zusammenwirken von Gott und Mensch. Der in Maria aufgezeigte Gehorsam und ihre Demut wurzeln nicht in einem ‹Mangel› der Natur, die sich ihrer eigenen ‹Grenzen› bewusst wird, sondern sind der höchste Ausdruck der königlichen Freiheit des Menschen und seiner Fähigkeit, der Wahrheit selbst frei zu begegnen und sie in Freiheit zu empfangen. Im Glauben und Leben der Kirche ist Maria das beste Bild des ‹anthropologischen Maximalismus›, sie ist seine ewige *Epiphanie*.

V

Richtig verstanden ist die Mariologie der ‹locus theologicus› *par excellence* der christlichen Anthropologie. In dieser einzigartigen Erkenntnis einer einzigartigen Person, die von der Kirche in der Verehrung Mariens, in Gemeinschaft mit ihr und in der Freude über sie ständig vertieft wird, kann der hoffnungslose Widerspruch der säkularen Anthropologie unserer Zeit gelöst werden: der Widerspruch zwischen einer ‹minimalistischen›, von der Wissenschaft stammenden Schau des Menschen, und von den ‹maximalistischen› Forderungen, die unsere auf den Menschen konzentrierte Kultur prägen. Was die persönliche Kenntnis Mariens und ihrer Kontemplation zeigt, in einer Art und Weise zeigt, wie es keine Wissenschaft, keine Theorie, ja kaum eine ‹Theologie› als solche zeigen kann, ist gerade die tragische Lüge der beiden – der ‹minimalistischen› und der ‹maximalistischen› – Reduktionen in ihrer beiderseitigen Distanzierung voneinander, in ihrer verzweifelten ‹Gebrochenheit›. Und dennoch war einst die verborgene Wahrheit beider in der *Ganzheit* miteingeschlossen, deren einziger Träger und Mittelpunkt in der Welt die menschliche *Person* ist.

Was die abstrakte, das heißt unpersönliche Untersuchung über den Menschen als eine selbstverständliche Schlussfolgerung formuliert: der Mensch als völlige *Abhängigkeit*, was die ebenfalls abstrakte ‹Verherrlichung› des Menschen als eine Voraussetzung *a priori* formuliert: der Mensch als völlige *Freiheit* –, das wurde im einzigartigen *persönlichen* Leben Mariens offenbart. Dieses Leben wurde der Kirche *geschenkt* und es ist zum Leben der Kirche geworden als die eine und selbe Wahrheit über den Menschen. In Maria hören die beiden Begriffe ‹Abhängigkeit› und ‹Freiheit› auf, einen Gegensatz zu bilden und sich gegenseitig auszuschließen. Wir sind zu denken geneigt, dass dort, wo Abhängigkeit ist, keine Freiheit sein kann, und dort, wo Freiheit ist, keine Abhängigkeit. Maria aber nimmt an, sie gehorcht, sie erniedrigt sich – nicht vor ihrer ‹Abhängigkeit› von irgend etwas oder irgend jemand –, sondern vor der Lebendigen Wahrheit, der Anwesenheit, der Schönheit, vor dem Leben, vor dem Ruf, der so überwältigend offenkundig ist, dass der Begriff der ‹Abhängigkeit› entleert oder besser gesagt mit dem Begriff der ‹Freiheit› identisch und inhaltsgleich wird.

Solange die ‹Freiheit› nichts als die ‹andere Seite› der Abhängigkeit ist – als Protest, als Auflehnung gegen die Abhängigkeit –, anders gesagt, solange der Sinn der ‹Freiheit› selbst von der Abhängigkeit abhängig ist, bleibt Freiheit ein leerer Begriff. Jedesmal, wenn sie ‹auswählt› und ‹annimmt›, hört sie auf, Freiheit zu sein... Hier aber, im einzigartigen Leben Mariens, wird die ‹Freiheit› zum eigentlichen *Inhalt* der ‹Abhängigkeit›, die eine sich selbst ewig erfüllend in der anderen als Leben, Freude, Erkenntnis, Gemeinschaft und Fülle.

VI

Dies sind arme, unzulängliche und unbeholfene Menschenworte über ein Leben, über eine Schau, eine Realität, die alle menschlichen Worte übersteigt. Nachdem wir sie aber gehört haben, erfüllt ein neuer Blick auf die Frau, die ewig das Herz der Kirche bleiben wird, unsere Herzen mit einer geheimnisvollen, noch unaussprechlichen Freude und lässt uns ewig denselben Gruß wiederholen, den sie in der Tiefe ihres Herzens am Tag der Verkündigung gehört hat: Freue Dich! Was ist das für eine Freude? Ist es nicht Freude über die Offenbarung, die uns in ihr und durch sie zuteil geworden ist und die – wie wir wissen – jeden Einzelnen von uns und alle zusammen betrifft, und die wir hier in diesem Beitrag versucht haben – ja bloß versucht haben, armselig und unzulänglich – zu bezeugen?

Maria ist wirklich einzigartig, weil ihre menschliche Vollkommenheit einzigartig ist und einzigartig auch ihre Beziehung zu ihrem Sohn. Und dennoch ist sie eine von uns, ist sie wie wir: ihr Leben ist ein vollkommen menschliches. Sollten wir dann nicht in ihr und in ihrem Leben das wahre ‹Maß› unseres eigenen Lebens suchen, die Antwort auf die quälenden Fragen, was den Menschen betrifft? Wo sonst denn? Wo sonst ist ein Ausweg und wo die Lösung all der Gegensätze und Sackgassen, die unsere Welt zu entmenschlichen drohen? Sie hat uns Christus geschenkt. Und Er, der für ewig ihr

Sohn bleibt, gibt sie uns als eine Zusicherung, dass der Mensch Bild seiner unaussprechlichen Schönheit ist, Gegenstand der ewigen Liebe in einem ewigen Reich.

ÜBER DIE MARIOLOGIE IN DER ORTHODOXIE

I

Es ist mir völlig klar, die Mariologie scheint nicht das brennendste Problem der heutigen Christen zu sein. Dabei denke ich nicht nur an Kirchen ohne Mariologie, sondern eben an Christen, die zu jenen Kirchen gehören, die früher betont-mariologisch waren. Als ich als Beobachter dem Zweiten Vaticanum beiwohnte, sagte ein *Peritus* zu mir: ‹Hm, die Mariologie werden wir recht bald loswerden.› Ich erinnere mich noch immer an den Schock, den ich damals empfand. Ehrlich, wir Orthodoxe sind keinesfalls gewillt, die Mariologie ‹loszuwerden›. Ganz im Gegenteil. Ich meine: Wenn wir die Krise, in der wir uns heute befinden, wahrnehmen, wenn wir die Tiefe der heutigen Probleme wirklich zu erfassen vermögen wie auch die Tatsache, dass sich die eigentliche Krise nicht auf der Ebene von ‹Anpassungen› zwischen Kirche und Welt abspielt, sondern auf dem Grund einer letzten christlichen Schau von Gott, Welt und Mensch, dann sollten wir auch begriffen haben, was in der Marienverehrung jahrhundertelang wirklich zum Ausdruck kam.

Ich sehe wohl, eine Verbindung zwischen unseren ‹modernen Problemen› und Maria wahrzunehmen, ist schwierig, denn im katholischen Westen ist Maria fast zum Gegenstand eines besonderen Kultes geworden. Im Osten wird sie hingegen als etwas ‹Selbstverständliches› betrachtet und erweckt keine theologischen Fragen oder Reflexionen. In der orthodoxen Kirche gibt es keine ‹Mariologie›, sofern sich dieser Begriff im Sinn einer spezifisch theologischen Disziplin, einer eigenen intellektuellen Problemstellung versteht. Die Verehrung Mariens prägt sozusagen das ganze Leben der Kirche. Sie ist eine ‹Dimension› des Dogmas wie der Frömmigkeit, der Christologie wie der Ekklesiologie. Diese ‹Dimension› bedarf heute allerdings einer Klärung, und zwar vor allem im Zusammenhang mit Problemen, die ihr offenbar recht fremd sind. Anders gesagt, es stellt sich die Frage: Ist die Mariologie eine Frömmigkeitsform, die in der Vergangenheit von Bedeutung war, heute aber nicht mehr? Meine vorläufige Antwort lautet: Nein. In der Mariologie wird etwas ausgedrückt, das grundlegend für den christlichen Glauben selbst und für die christliche

Wahrnehmung der Welt und des menschlichen Lebens ist. Einige Gedanken aus diesem Gebiet werde ich versuchen mit Ihnen zu teilen.

II

Obwohl ich auf die historische Entwicklung der Mariologie nicht eingehen werde, möchte ich betonen, dass das orthodoxe Verständnis der Mariologie stets in ‹christologischen Begriffen› erfolgte. Um einen etwas paradoxen Denkansatz anzuwenden, würde ich Folgendes sagen: Selbst wenn nichts anderes im Evangelium offenbart wäre als die bloße Tatsache, dass es Maria gegeben hat, das heißt, dass Christus, Gott und Mensch, eine Mutter hatte und ihr Name Maria war, wäre dies für die Kirche schon Grund genug, Maria zu lieben und über ihre Beziehung zu ihrem Sohn nachzudenken und theologische Schlussfolgerungen aus dieser Betrachtung zu ziehen. Es besteht demnach kein Bedürfnis nach zusätzlichen oder besonderen Offenbarungen. Maria selbst ist eine selbstverständliche und wesentliche ‹Dimension› des Evangeliums.

Was die liturgische Verehrung betrifft, entwickelte sich die Mariologie zunächst im Rahmen der sogenannten ‹Begleitfeste›. Das älteste Marienfest war offenbar die ‹Versammlung› zu ihren Ehren am 26. Dezember, unmittelbar nach der Heiligen Nacht. Dies zeigt uns, dass die liturgische Marienverehrung der Entwicklung in der Christologie folgte; sie war ein Teil der kirchlichen Betrachtung des Geheimnisses der Menschwerdung. Im Osten wurde dieser christologische Charakter der Marienverehrung stets bewahrt. Natürlich gibt es auch bei uns volkstümliche Formen der Marienandacht, doch auch diese bleiben organisch mit dem Mysterium Christi verbunden. Und dies bleibt die innere Norm und das Merkmal der orthodoxen Mariologie.

Die Liturgie ist der bedeutendste – wenn nicht ausschließliche – Ort der Mariologie in der orthodoxen Kirche. Wie ich eben bemerkte, ist Maria nie zum Objekt einer besonderen und selbständigen theologischen Spekulation geworden. In unseren Lehrbüchern für Dogmatik würde man vergeblich nach einer mariologischen Abhandlung suchen. Ihre Verehrung in der Liturgie wurde selbstverständlich in großer Frömmigkeit mit Symbolik und Allegorien ausgeschmückt, was zu Fragen nach dem biblischen Charakter und nach der Rechtfertigung solcher

Formen geführt hat. Wo in der Heiligen Schrift finden wir Erzählungen über die Geburt Mariens, über ihre Darstellung im Tempel, ihre Entschlafung – über die wichtigen Marienfeste? Die Orthodoxie antwortet auf diese Fragen, dass diese Ereignisse, ungeachtet ihres dichterischen, liturgischen und hymnischen ‹Ausdrucks›, *real* sind im Sinn von ‹offensichtlich›. Maria wurde geboren. Sie wurde wie jedes fromme jüdische Mädchen an einem bestimmten Zeitpunkt ihres Lebens in den Tempel mitgenommen. Und schließlich starb sie. Folglich ändert die Tatsache, dass Vieles im liturgischen Ausdruck dieser Feste den Apokryphen entnommen ist, nichts an ihrer ‹Realität›. Die Kirche betrachtet den letzten Sinn dieser Ereignisse, und nicht die dichterische Ausarbeitung byzantinischer Hymnen.

Marienfeste sind bloß ein Aspekt der Marienverehrung. Sie prägt indes den gesamten Gottesdienst der Kirche. So begegnen wir der Marienverehrung am Ende jeder liturgischen Einheit als ihrem Abschluss oder Epilog. Jede Hymnen- oder Gebetgruppe wird immer mit dem *Theotokion* abgeschlossen, einem besonderen Marienhymnus. Mittwochs und freitags, an den dem Kreuz gewidmeten Tagen, nimmt dieses Gebet die Form des *Stavrotheotokion* an, eines Hymnus, in dem Maria unter dem Kreuz betrachtet wird.

Schließlich finden wir eine sehr bedeutende Dimension der Mariologie in der Ikonographie. So genügt es zum Beispiel, eine der besten Marienikonen des orthodoxen Ostens anzuschauen – die *Gottesmutter von Wladimir* –, um zu verstehen, dass es sich hier um eine wunderbare Offenbarung des zentralen Mysteriums des christlichen Glaubens handelt wie auch um den Sinn des Menschen, seines Leibes, seines Lebens, seiner Berufung.

III

Dies alles aber wird heute in Frage gestellt. Somit wird ein Versuch zu erklären unumgänglich. Eine solche Erklärung hat aber vorerst das organische Ganze ‹auszutrocknen›, um dann seine verschiedenen Schichten aufzeigen zu können.

An erster Stelle stoßen wir auf das sehr wichtige Thema *Maria als die Neue Eva*. Es kann als der ‹kosmologische› Aspekt der Mariologie bezeichnet werden. Zugleich bestimmt es den Rahmen des ganzen Mysteriums: Die Beziehung zwischen Gott und der Welt (Kosmologie), zwischen Gott und seinem auserwählten Volk (Heilsgeschichte), zwischen Gott und der Kirche (Ekklesiologie) und schließlich die Vollendung aller Dinge in Gott. Alle diese Beziehungen werden vorzugsweise als ein Liebesgeheimnis in den Begriffen der Einheit in der Ehe ausgedrückt.

Das zweite Thema heißt *Maria als Tempel.* Es findet seinen letzten Ausdruck im Fest der Einführung Mariens in den Tempel. Der Tempel ist der Ort der göttlichen Gegenwart, der Begegnung von Gott und Mensch, der Offenbarung der göttlichen Herrlichkeit. In diesem Fest wird uns das letzte Geheimnis des Menschen als des Tempels Gottes offenbart. In der Erfüllung des steinernen Tempels in einem anderen und durch einen anderen, menschlichen, Tempel repräsentiert Maria uns alle.

Schließlich der *Tod Mariens*, das große Thema der Entschlafung. Falls ich mir hier nebenbei ein Wort der freundschaftlichen ökumenischen Kritik erlauben darf: Die Katholiken hätten ihren Theologen nie erlauben dürfen, das Geheimnis der Himmelfahrt Mariens (und ebenso das Geheimnis der Unbefleckten Empfängnis) ‹auszuarbeiten›. Sie haben den ganzen Sinn verfehlt, da sie versucht haben, ein eschatologisches Geheimnis rational – und mit unangemessenen Begriffen – zu erklären. Die orthodoxe Kirche ‹erklärt› nicht, was passiert ist, als Maria starb. Sie behauptet schlicht, dass ihr Tod der ‹Glanz des geheimnisvollen Tages› ist, dass Maria, kraft ihrer vollkommenen Liebe zu Gott und kraft der Hingabe an Ihn, kraft ihres unbedingten Gehorsams und der Demut, Anfang der allgemeinen Auferstehung ist, die Christus der Welt verkündet hat.

Jedes dieser Themen würde eigentlich eine lange und sorgfältig ausgearbeitete Abhandlung erfordern. Hier werde ich nur kurz über einen Aspekt der Mariologie sprechen: Über ihre Bedeutung für die Lehre über die Kirche und das Verständnis der Kirche.

IV

Die Ekklesiologie ist eines der großen Themen unseres ökumenischen Zeitalters. Und das Erste, was man über die Ekklesiologie zu sagen hat, ist, dass sie heute ‹polarisiert› ist, polarisiert zwischen den Vorstellungen von Autorität und Freiheit. Man kann wohl sagen, die alten Darstellungen *De Ecclesia* sind an ihr Ende gelangt. Wie wir heute wissen, ist das klassische *De Ecclesia* mit ihrer Betonung von Struktur, Institution und Legalismus ein Produkt konfessioneller Polemik während der großen westlichen Krise der Reformation und Gegenreformation. Diese *institutionelle* oder strukturelle Reduktion der Ekklesiologie wird heute hinterfragt und gebrandmarkt. Doch wie stets führt ein Extrem zu einem anderen. Wenn die Menschen der ‹Strukturen› und ‹Institutionen› müde werden, stürzen sie sich in eine Art Illusion von Freiheit und merken nicht, dass sie, indem sie eine Art von Struktur abschütteln, eine andere vorbereiten. Die heutige Freiheit wird zur morgigen ‹Institution› werden und so weiter *ad infinitum*. Vielleicht ist es für uns an der Zeit einzusehen, dass wir, solange wir uns mit Institutionen und Strukturen befassen und nicht mit dem innersten Geheimnis der Kirche, das eigentliche Problem umgehen.

Was ist die Kirche? Einerseits gewiss die Struktur und Institution, Ordnung und Hierarchie, Kirchenrecht und Verwaltung. Dies aber betrifft bloß ihre sichtbare Struktur. Was aber ist ihr Inhalt? Ist es nicht auch und an erster Stelle das, was das Leben selbst ändern und verwandeln soll? Ist es nicht eine Vorwegnahme, das ‹Sakrament› des Reiches Gottes? Ja, die Kirche ist Struktur, doch der einzige Zweck dieser Struktur ist es, ‹Epiphanie› zu sein, also die Kirche als Erwartung und Erfüllung, als Unterwegssein und Vorwegnahme anzukündigen und zu verwirklichen. Die Kirche ist Durst und Hunger, doch auch ‹Speise der Unsterblichkeit›. Sie ist das ‹Noch nicht›, aber auch das ‹Schon da…›. In dieser Perspektive – dass die Kirche Leben ist und nicht bloße Struktur – können wir den einzigartigen Platz Mariens in der ‹Ekklesiologie› ermessen, nämlich den Versuch unternehmen, die Kirche von innen her zu erfassen.

Im Gottesdienst wird uns solche Erfahrung von Kirche geschenkt. In der Liturgie, *leitourgia*, übertrifft sich die Kirche als Institution und Struktur und wird zu dem, ‹was sie ist›: Antwort, Anbetung, Begegnung, Gegenwart, Herrlichkeit, und schließlich zur mystischen Hochzeit Gottes mit seiner neuen Schöpfung. Genau hier im Zentrum steht Maria – als Verkörperung, als höchster Ausdruck, als Ikone und Inhalt dieser Antwort, als höchste Fülle des menschlichen ‹Ja› zu Gott in Christus. Es gibt im Gottesdienst der Kirche den Augenblick, wo sämtliche Strukturen sich *als* Strukturen erübrigen. Sie sind erfüllt. Sie sind unerlässlich und notwendig, um uns zu diesem Augenblick hinzuführen, um diesen Augenblick zu ermöglichen. Ist er aber gekommen, so ist es das Leben, das Leben allein, das siegt. Es wird die vollkommene Erfahrung von Einheit und Freude geschenkt – hier steht auch Maria als ‹Ikone› der Kirche und als Bewegung der Liebe und Anbetung in Person.

Es gibt keine ‹Ikone› der Kirche außer jener menschlichen Person, die für den Heiligen Geist wie für die Freude und den Frieden des Königreichs völlig durchsichtig war. Wenn Christus die ‹Ikone› des Vaters ist, so ist Maria die ‹Ikone› der neuen Schöpfung, sie ist die neue Eva, die dem neuen Adam Antwort gibt und das Geheimnis der Liebe erfüllt.

Sie ist die neue Eva, da sie auf Gottes Ruf geantwortet hat: ‹Siehe, die Magd des Herrn, mir geschehe nach deinem Wort› (Lk 1,38). In diesem Augenblick wurden alle menschlichen ‹Strukturen› überschritten, die einer Entfremdung des Menschen von Gott entstammen – Freiheit und Autorität, Rechte und Pflichten usw. Das neue Leben betrat die Welt als das Leben in Gemeinschaft und Liebe, nicht in der

‹Autorität› und ‹Unterordnung›. Deshalb ist Maria, die ‹Ikone› der Kirche, Bild und Verkörperung der Welt. Wenn Gott seine Schöpfung anblickt, so ist das ‹Antlitz› der Welt weiblich, nicht männlich. Wir Männer sind gewiss Mitarbeiter Gottes. Wir sind die Häupter der Familien, der Kirchen, der Institutionen usf. Wir werden Bischöfe, Priester, Vorsteher. Heutzutage denken leider auch manche Frauen, sie sollten Priester und Bischöfe werden können. Sie täuschen sich, denn wenn Heiligkeit und Freude als letzte Wirklichkeit und Verwandlung hereinbrechen werden, dann werden die ‹weiblichen› Qualitäten der Demut und der Schönheit, des Gehorsams und der vollen Selbsthingabe in der ‹neuen Schöpfung› siegen und sie wird mit göttlicher Herrlichkeit gekrönt sein.

Es ist in der Tat symbolisch, dass auf dem Berg Athos, dem großen monastischen Zentrum des orthodoxen Ostens, keine Frau zugelassen wird. Doch der ganze Berg wird noch immer als besonderes Eigentum der Mutter Gottes betrachtet. Die Intuition der großen russischen Romane wie *Anna Karenina* oder *Doktor Schiwago* liegt darin, dass trotz ihrer Zweideutigkeit, ihrer tragischen Identifikation mit der dämonischen Versuchung, trotz ihres

Abweichens von der göttlichen Schönheit, das letzte Wort der Schöpfung hier, im Geheimnis der Frau, offenbar werden soll. Sie – Maria – ist die letzte ‹doxa› der Schöpfung, ihre Antwort an Gott. Sie ist der Höhepunkt, die Verkörperung, die Bestätigung der letzten Berufung der gesamten Schöpfung: Damit Gott am Ende alles in allem sei, damit Er alle Dinge mit Sich selbst erfülle. Die Welt ist das ‹Gefäß› der Herrlichkeit Gottes, und darin ist sie ‹weiblich›. Und in unserem ‹Zeitraum› ist Maria das Zeichen und die Garantie dafür, dass dies wahr ist, dass die Welt in ihrer mystischen Tiefe diese Berufung schon verwirklicht hat.

Unsere Welt heute ist ‹männlich› in dem Sinn, dass sie sich bei fast allem auf die Formen und Strukturen, Institutionen und Kategorien konzentriert, aber nicht auf den Inhalt, durch den diese Strukturen bestehen und der schließlich ihre letzte Rechtfertigung ist. Dieser ‹männliche› Zugang hat selbst die Theologie angesteckt. Doch die ‹Epiphanie› der Kirche überschreitet immer die Strukturen und ist ihre Erfüllung. Es gibt die Zeit, wo die Institution verschwindet, obwohl dieser Augenblick ohne Institution nie kommen würde und unmöglich wäre. Das passiert, wenn die Kirche als ‹Freude und Friede› im Heiligen Geist verwirklicht wird, wenn sie hier und jetzt zum Vorgeschmack des kommenden Königreichs wird. Im Herzen dieses Augenblicks, als seinen Ausdruck, seine Bewegung und seine Vollkommenheit, finden wir Maria. Sie ist kein ‹Objekt› des Gebets und der Anbetung, sondern ihr höchster Ausdruck. Sie ist die Kirche als Gebet, als Freude, als Erfüllung. Die wirkliche Wahrnehmung der Kirche ist diese Verbindung von Schönheit und Demut, Leib und Geist, Zeit und Ewigkeit, und Maria ist der Brennpunkt und das Leben dieser Wahrnehmung. Nach dieser Wahrnehmung sehnt sich die Welt heute.

Wir sind der Ansicht, dass wir heute sämtliche Probleme mit ‹männlichen› Mitteln zu lösen vermögen – durch Umstrukturierung von Institutionen und Schaffung neuer Gesetze, durch Planung und Berechnung. Doch dies allein vermag und wird am Ende niemals siegen. Was trotz der Niederlage dennoch gewinnen wird, ist etwas völlig anderes: Es ist die Schau, die Wahrnehmung, die hinter allen diesen Strukturen steht und die allein ihnen Bedeutung verleihen kann, die siegreiche Demut der Kirche, wie sie in Maria verkörpert ist. Die Kirche sollte nicht die ‹Ich-auch›-Haltung annehmen – wie sie es heute zu tun scheint –, indem sie sich der Welt in ihren Kämpfen, Widerreden, Protesten und aller ‹menschlichen, allzu menschlichen› Weisheit und Passion einfach anschließt. Im Laufe der Jahrhunderte hat sie eine andere Weisheit, eine andere Wahrnehmung erworben, etwas, das jeden Mann und jede Frau, jede Gesellschaft und jede Generation mit Wehmut erfüllt. Denn hinter all diesen Kämpfen und Konflikten, die die Welt erfüllen, gibt es eine verborgene, unbekannte und unbewusste Sehnsucht nach einer letzten Synthese, nach einem überzeugenden Bild von Mensch und Menschheit. Das ist es, was die Kirche, und sie allein, der Welt anbieten kann.

Dies nenne ich die mariologische Dimension der Ekklesiologie. Ihre Erörterung vermisse ich in der modernen Theologie. Im Gegenteil, was wir uns selbst und der Welt beweisen wollen, ist, wie ‹männlich› und strukturiert, und überhaupt, wie ‹zeitgemäß› wir sind. Wir schämen uns nämlich wegen der Mariologie und betrachten sie als Schwäche und sentimentale Abweichung. Es muss deshalb jemanden geben, der inmitten dieser Kapitulation einfach die ewige Gültigkeit des mariologischen ‹Brennpunkts› in der Kirche bekräftigt und verkündet. Und wenn wir die verschiedensten Probleme, die unsere ‹Agenda› füllen, eins nach dem anderen im Licht einer nicht oberflächlichen Mariologie, sondern im Licht ihrer tiefen Implikationen und Einsichten, der stillen Schau hinter ihr, studieren, dann wird es vielleicht, trotz der theologischen Inflation und des Lärms unserer Tage, der beste Weg sein, der Welt zu dienen.

Wir haben von Gott ein Geschenk erhalten und wir dürfen es mit der durstigen und hungrigen Welt in Freude und Schönheit teilen. Maria ist die verborgene Freude all dessen, was die Kirche in dieser Welt tut. Maria, nicht die Priesterversammlungen und Massenproteste, kann und wird die Welt läutern. Sie wird uns zeigen, was wir jeden Tag verloren haben, das *Geheimnis* der Kirche, ohne welches alles in der Kirche seinen Sinn verliert. Deshalb ist das mariologische Thema aktuell. Wir müssen noch nicht beginnen, darüber zu arbeiten, doch möchte ich vorschlagen, dass wir, anstatt uns den weltlichen Ansammlungen von Spezialisten in allen möglichen Bereichen anzuschließen, mit neuem Interesse zu der zurückkehren, in der Gott uns die ‹Ikone› und die ‹Kraft› gegeben hat, das zu werden, was Christus möchte, dass wir sind.

MARIA UND DER HEILIGE GEIST

I

Das Thema, das ich heute hier zu behandeln gebeten wurde, scheint mir ein ausgesprochen zeitgemäßes zu sein, und dies aus zwei Gründen.

Einerseits können wir heute unter den Christen eine gewisse Erneuerung sowohl des theologischen wie des spirituellen Interesses am Heiligen Geist wahrnehmen. Es gibt allerdings bisweilen ein unklares und verworrenes Gefühl – die eingängigen und starren Theologien der Vergangenheit seien in gewisser Hinsicht einseitig gewesen, hätten mehr auf die Rechtfertigung und Erklärung des ‹institutionellen› als des ‹spirituellen› Aspekts der Kirche geachtet. Als Reaktion darauf zeigt sich ein neuer Durst nach Spiritualität, daher auch dieses neue Interesse am Heiligen Geist. Dieses Interesse, diese Beschäftigung mit Spiritualität ist zweifellos nicht frei von einer spirituellen, für unsere Zeit typischen Verwirrung. Man schreibt dem Heiligen Geist beinahe jede Regung oder Phantasie des menschlichen Geistes und seiner Einbildungskraft zu. Man rechtfertigt durch Ihn alle Arten von Radikalismus und von überall vorhandenem ‹Anti-Institutionalismus› der zeitgenössischen religiösen Mentalität. Dann ist es die eigentliche Aufgabe eines Theologen, die eigentlichen Fragen zum Heiligen Geist zu stellen.

Anderseits, und das ist für mich der zweite Grund: Das Interesse an der Mariologie verkümmert ebenso deutlich. Manche, welche in der Vergangenheit den Anschein erweckt haben, die Rolle Mariens im Heilsplan und in der Frömmigkeit der Kirche schier zu übertreiben, äußern heute darüber ihr Bedauern. In der durch das Zweite Vatikanische Konzil hervorgebrachten gewaltigen theologischen Produktion wird die Mutter Gottes kaum erwähnt. Als würde die derzeitige Betonung und das Interesse der Theologie, ihre Besessenheit für Begriffe wie ‹Welt›, ‹Wirksamkeit›, ‹Gerechtigkeit› usw. die frühere Betonung der Mutter Christi ausschließen, wenn nicht stillschweigend verurteilen. Wenn es auch seltsam erscheinen mag, selbst das moderne und modische Interesse am Platz der Frau in Kirche, Welt und Gesellschaft oder die enorme Welle des ‹Feminismus› haben keine Neubelebung des Interesses an Maria gebracht. Freilich, man versteht sofort warum! Mit ihrer

Demut und Sanftmut taugt sie schwerlich als Patronin des lärmigen und arroganten Feminismus unserer Zeit.

Dieses doppelte Phänomen – die Wiederbelebung der Pneumatologie und das Verkümmern der Mariologie – erfordert nun eine gemeinsame Untersuchung. Wir untersuchen also die einzigartige Beziehung zwischen der dritten Person der Heiligsten Dreifaltigkeit und der einzigartigen Person, die ‹verehrungswürdiger als die Cherubim und unvergleichlich ruhmreicher als die Seraphim› ist und die wir als solche immer noch verehren – und ich hoffe, ewig verehren werden. Ich bin überzeugt, dass die Pneumatologie und die Mariologie im *Leben* der Kirche organisch verknüpft sind, und deshalb auch in der kirchlichen Theologie verknüpft werden müssen. Wenn es der Heilige Geist ist, der uns Maria *offenbart*, so ist es wiederum Maria, die in einzigartiger Weise die Offenbarung des Heiligen Geistes in der Kirche ist. Ich bin ferner überzeugt, dass das zeitgenössische verworrene Interesse am Heiligen Geist, an sich wertvoll und vielversprechend, nicht zu Seiner authentischen Wiederentdeckung führen wird, wenn es nicht zugleich zum Interesse am Spirituellen wird. Und ich bin überzeugt, dass das Verkümmern der Mariologie nicht überwunden wird, solange die Mariologie nur als ein frommer Fachbereich der Kiche angesehen und nicht in die Pneumatologie integriert wird.

II

An dieser Stelle sind einige Worte über das Schicksal der Pneumatologie in der Geschichte des christlichen Denkens erforderlich. Man muss nicht eigens beweisen, dass der Akzent in der systematischen Theologie immer weniger auf der Ausarbeitung der Pneumatologie lag als zum Beispiel auf der Christologie oder auf anderen Aspekten des *depositum fidei*. Wie jeder weiß, wurde sogar das Wort ‹Gott› im universalen Glaubensbekenntnis der Kirche im Artikel über die dritte Person aus kirchlich-diplomatischen Gründen ausgelassen. Und zu einem ziemlich frühen Zeitpunkt wurde die Theologie des Heiligen Geistes in den theologischen Lehrbüchern durch die Theologie der Gnade ersetzt, durch eine raffinierte und ausführliche Aufzählung aller Weisen der Heiligung. Man hat dem Heiligen Geist seinen Ort selbstverständlich nie verweigert; formell blieb die Theologie stets trinitarisch. Dennoch kann ich nicht umhin zu denken, dass in der christlichen Gesellschaft etwas passiert sein muss, das ihre Aufmerksamkeit, ihre Liebe und ihre Hoffnung von der geheimnisvollen dritten Stunde weg verlagert hat, weg von den Feuerzungen, die die Herabkunft des Paraklets bekundet haben. Es ist für mich unmöglich, dieses ‹Etwas› auch nur kurz zu durchleuchten. Ich werde schlicht darlegen, was ich als Grund für die theologische Verblassung des Heiligen Geistes erachte.

Es war die Verlagerung der eschatologischen Inspiration der frühen Kirche. Mit ‹eschatologisch› meine ich hier die einzigartige christliche Wahrnehmung des Gottesreichs als eines Reichs, das einerseits ‹am Kommen ist› und anderseits in der Kirche schon gegenwärtig und verwirklicht wird. Diese Eschatologie der frühen Kirche bildete eine wesentliche Dimension ihres gesamten Lebens – der Sakramente, der Welt, des Glaubens, der Frömmigkeit – und formte restlos den kirchlichen Sinn. Sie war die Haltung der Kirche hinsichtlich der Welt, der Zeit, der Geschichte, der Gesellschaft usw. Diese Eschatologie wurde nach und nach auf einen kurzen theologischen Abschnitt *‹de novissimis›* reduziert, der sich auf das individuelle

Schicksal des Menschen nach dem Tod bezog. Begriffe wie ‹das Reich›, ‹die Vollendung aller Dinge in Gott›, ‹die neue Schöpfung› und ‹die Verklärung› blieben selbstverständlich Teil des traditionellen Wortschatzes, aber sie hörten auf, Quelle und Objekt der theologischen Untersuchung zu sein.

Die Eschatologie aber ist untrennbar von der Pneumatologie, denn die Herabkunft des Heiligen Geistes an Pfingsten ist der Anfang eines ‹neuen Äon› und sie formt aus der Kirche und aus dem Leben der Kirche sowohl die Gemeinschaft mit dem Gottesreich als auch seine Vorwegnahme.

Doch nicht nur das: Pfingsten bedeutet Gliedsein im Heiligen Geist, die *communio*, *koinonia* des Heiligen Geistes, die das Wesen des neuen Lebens, des Gottesreichs ist. Der Heilige Geist erschafft alle Dinge neu, indem er sie auf die letzte Vollendung in Gott bezieht. Pfingsten ist nicht nur der geschichtliche Ursprung der Kirche; es ist ihr wahres Leben als das Sakrament des Königreichs. Das alles spüren heute verwirrt alle, die ermüdet sind vom institutionellen, nicht-eschatologischen Charakter der Kirche, der so stark im Laufe ihrer langen geschichtlichen Pilgerschaft unterstrichen wurde, und die nach der spirituellen Wirklichkeit selbst hungern und dürsten. Doch gibt es die Gefahr einer neuen Scheidung und einer neuen Spaltung: das ‹Spirituelle› gegen das ‹Institutionelle›; der Heilige Geist gegen die Kirche; die individuelle Subjektivität der spirituellen Erfahrung gegen den katholischen Glauben und die Disziplin. Es gibt die Gefahr, den Heiligen Geist als eine Art *Alibi* für einfache Meinungsverschiedenheiten und Auflehnung, Anarchie und Subjektivismus zu beanspruchen, sowie die Eschatologie mit menschlicher Radikalität und Utopie zu verwechseln.

An diesem Punkt, scheint mir, wird die Notwendigkeit der Mariologie evident. Denn Maria, die die wahre ‹Epiphanie› der Spiritualität in der Tradition und im Leben der Kirche sowie die erste, schönste und beste Frucht des Heiligen Geistes in der ganzen Schöpfung ist, offenbart uns, allein durch ihre Gegenwart, das wahre Wesen und die wahre Wirkung der Herabkunft des Heiligen Geistes, die *der* Ursprung des kirchlichen Lebens ist. Anders gesagt, die Mariologie, richtig verstanden, bildet eine Art ‹Kriterium› der Pneumatologie, eine Schutzmaßnahme gegen die dämonische Verwirrung der Geister.

In diesem kurzen Beitrag kann ich nur die verschiedenen Aspekte dieser einzigartigen Beziehung aufzählen, ohne sie näher zu verdeutlichen.

III

Die Beziehung zwischen dem Heiligen Geist und Maria ist sowohl *einzigartig* wie *archetypisch.* Sie ist einzigartig in dem Sinn, dass sie uns Maria als ein einzigartiges menschliches Wesen offenbart, einzigartig in sich selbst als Person, einzigartig in ihrer Beziehung zu Christus und Gott, einzigartig durch ihren Ort in der Kirche, das heißt in ihrer Beziehung zu uns allen und zu jedem von uns. Sie ist archetypisch in dem Sinn, dass sie das wahre Wesen des Heiligen Geistes in Seiner Beziehung zur Schöpfung offenbart, als das wahre Wesen dessen, was wir die Heiligung nennen.

Die Erzählung über Maria im Evangelium fängt mit ihrem persönlichen Pfingsten an. ‹Heiliger Geist wird über dich kommen› (Lk 1,35). Bereits hier beginnen wir etwas sowohl über den Heiligen Geist als auch über Maria zu verstehen. An erster Stelle und vor allem anderen offenbart diese Herabkunft des Heiligen Geistes eine *personale* Beziehung. Ja noch mehr als das: die Herabkunft des Heiligen Geistes *erfüllt* Maria als Person; das heißt, als ein absolut einzigartiges Wesen, als ein vollkommenes *Sie selbst*. Eine gewisse Art von Theologie und Frömmigkeit vertraten hier extreme Ansichten, indem sie diese Einzigkeit Mariens auf Kosten des archetypischen Charakters ihres persönlichen Pfingsten unterstrichen. Doch ist es die eigentliche Funktion des Heiligen Geistes, menschliche Wesen als Personen zu erfüllen. Der Heilige Geist ist für jeden Menschen das höchste Geschenk der Einzigkeit, dieser Einzigkeit, die den ewigen und absoluten Wert jeder Person begründet. Somit haben wir im persönlichen Pfingsten Mariens zwei Offenbarungen. Es offenbart uns Gott, der immer für jeden Menschen eine einzigartige und persönliche Enthüllung ist, als sähe jede Person in Gott in einer ausschließlichen Beziehung, in einer einzigartigen Liebe und in persönlichster Gemeinschaft ein einzigartiges, ihr zugewandtes Antlitz. Deshalb sprechen wir von zwei Gaben.

Die Gabe ‹Maria als Person›. Im Heiligen Geist erkennen wir Maria nicht als ein Symbol, einen theologischen Begriff, noch als ein Prinzip, ein Hilfsmittel oder ein Bild; wir erkennen *sie*! Und sie zu erkennen ist eine der höchsten Freuden, die ein Mensch in der Kirche erfahren kann. Wenn jede Freundschaft, jede persönliche Begegnung, jede Gemeinsamkeit mit einer anderen Person, so beschränkt sie auch sein mag, stets als eine Gabe erfahren werden kann, als etwas Bereicherndes, als ein wirklicher Zusammenhang im Leben, während Einsamkeit und Alleinsein eben den Tod bedeuten, was sollen wir denn zu der einzigartigen Freundschaft und Gemeinschaft sagen, die uns durch den Heiligen Geist in der Kirche geschenkt wird? Was bedeutet das langsame Wachsen der mariologischen Verehrung in der Kirche, wenn nicht das Wachstum einer solchen Kenntnis, Freundschaft und Gemeinschaft? Keine formale Theologie vermag dies zu erklären, da sie sich auf unveränderliche Beziehungen und Definitionen bezieht; sie vermag bloß einen Rahmen und Zusammenhang festzulegen und zu definieren. Der Inhalt aber besteht im Leben der Kirche, im Geheimnis ihres Gottesdienstes, was ein unendliches Wachstum bedeutet. Wollte man die ununterbrochene Gegenwart und das Handeln des Heiligen Geistes in der Kirche mit einem einfachen Beweis belegen, so würde ich auf die

Mariologie hinweisen, auf die immer wachsende Kenntnis Mariens als Person. Als würden wir mit ihr im selben Haus wohnen und dasselbe Leben teilen: Es ist uns möglich, stets neue und weitere Gründe zu entdecken, sie als Person zu lieben und hochzuschätzen.

In einer zweiten Gabe schenkt der Heilige Geist Sich selbst als Gott *für mich* und *in mir*, sowohl als Inhalt wie auch als der Erfüllende, als das beste Leben meines Lebens. Der Heilige Geist hat keine eigene Ikone, keinen eigenen Namen. Die Heiligung besteht aber eben darin, dass jedes Wesen, ja jedes Ding zu einer solchen Ikone und zu einem solchen Namen werden. Wenn die Menschen durchsichtig für den Heiligen Geist sind, wenn sie Seine Güte und Schönheit widerspiegeln, wenn sie vollkommen ein Leben in Ihm führen und wahrhaftig Seinen Duft verbreiten, werden sie einerseits vollkommen sie selbst als Personen und anderseits werden sie zu wirklichen Ikonen und zu Namen des Heiligen Geistes. Maria ist dessen erste und vollkommenste Epiphanie. In diesem Sinn ist sie die erste Ikone, das erste Geschenk, die erste Sichtbarwerdung des Heiligen Geistes. Wenn wir durch den Heiligen Geist Maria kennenlernen, so ist Maria wiederum die erste in der gesamten Schöpfung, durch die wir den Heiligen Geist kennenlernen. So wird die Mariologie zum ersten und wichtigsten *locus* der Pneumatologie.

Der Heilige Geist ist Geber des Lebens. Nicht des Lebens als bloße Existenz, sondern als Inhalt, als persönliches Erfülltsein von einem Einzigartigen Wesen mit Seiner ‹Natur›. Des Lebens, das der Heilige Geist Maria in Christus geschenkt hat. Mariens göttliche Mutterschaft ist in ihrem Leben kein vereinzeltes Ereignis unter vielen, ein Ereignis, das sie, nachdem es vergangen ist, da stehen ließe – wenn ich es so ausdrücken darf – als verfügbar für andere Ereignisse und andere Erfüllungen. Es ist vielmehr das entscheidende und alles umfassende Ereignis, das die Totalität des Wesens Mariens verzehrt, zugleich aber ihr Wesen für alle Ewigkeit erschafft und erfüllt. Maria ist ‹nichts anderes›, wobei dieses ‹Nichts anderes› nicht negativ ist, es ist die positivste Definition: Christus und ‹nichts anderes› im Leben zu haben, bedeutet ja ein letztes Ganzsein, ein absolutes Erfülltsein der Menschheit.

Somit wird uns hier wiederum ein doppeltes Geheimnis und eine doppelte Gabe offenbart und geschenkt. Einerseits ist die göttliche Mutterschaft Mariens eine einzigartige Offenbarung des Heiligen Geistes über sie und über Christus. Die Beziehung zwischen Maria und Christus wird uns als ein Objekt ewiger Kontemplation und Freude vorgestellt, als das, was uns im Gottesreich erfreut und auf ewig erfreuen soll. Anderseits erhalten wir hier die Offenbarung der neuen Schöpfung, das heißt die Offenbarung der Kirche und des Lebens eines jeden von uns in der Kirche: Christus als Inhalt und als Erfüllung zu haben – Christus und ‹nichts anderes›. Die Gabe des Heiligen Geistes ist deshalb eine Gabe des Ganzseins. Als Geber des Lebens gibt Er jedem Menschen als sein persönliches Leben und als seine persönliche Erfüllung Den, in Dem ‹das Leben war, und das Leben war das Licht der Menschen› (Joh 1,4). Durch den Heiligen Geist ist Christus – als Mariens Sohn und somit als ihr Leben – auf einzigartige Weise in Maria gegenwärtig. Damit ist Maria auch wirklich die Ikone und die Epiphanie der Kirche – der Kirche als ‹Leben in Christus› und der Kirche als ‹Christi Leben in uns›, der Kirche als ein Ganzsein.

Wenn wir aber heute die schmerzliche Scheidung und den Gegensatz zwischen dem ‹institutionellen› und dem ‹spirituellen› Aspekt der

Kirche erfahren – zwischen der Kirche als Struktur, Hierarchie, Autorität, Dogma, und der Kirche als Leben, Freiheit, Wachstum, Schönheit, Freude –, so weil wir – davon bin ich überzeugt – die Wirklichkeit vergessen haben, in der diese Gegensätzlichkeit immer schon überstiegen und überwunden ist: das Geheimnis Mariens, die der Heilige Geist zum persönlichen Brennpunkt, zur Ikone und Erfüllung der Kirche schafft. Wie traurig und tragisch sind die modernen Versuche, die Kirche in Begriffen der soziologischen Strukturen neu zu diskutieren und zu definieren, und die dürftigen menschlichen Trennungen zwischen Autorität und Freiheit, Gleichförmigkeit und Pluralismus, die die Kirche auf das reduzieren, was Nietzsche ‹Menschliches, Allzumenschliches› genannt hat. Ich bin überzeugt, die große ekklesiologische Krise unserer Zeit kann nur dann eine Lösung finden, wenn wir erneut das Geheimnis der Kirche mit dem Geheimnis Mariens verbinden, nämlich mit dem Geheimnis des Heiligen Geistes.

Der Heilige Geist kommt ‹am letzten und großen Pfingsttag›. Er ist der Geber und Offenbarer der ‹letzten Dinge›. Er kommt am Ende, oder besser, Sein Kommen – weil es die ‹letzten

Dinge› offenbart – wird die Erfüllung sein, es ist immer das Ende, das Eschaton. Das Ende im christlichen Glauben bedeutet das Gottesreich, die Erfüllung und Vollendung aller Dinge in Gott, die letzte Offenbarung der ‹Gnade des Herrn Jesus Christus und der Liebe Gottes und der Gemeinschaft des Heiligen Geistes› (2 Kor 13,13). Das Ende ist somit immer der Anfang aller neugeschaffenen Dinge. Und die erste Offenbarung dieser ‹letzten Dinge›, dieser Vollendung in Gott, die erste Epiphanie der Wirklichkeit des Reichs durch den Heiligen Geist ist *Maria*. Wenn wir überhaupt ‹etwas› über das Gottesreich wissen – darüber, was es heißt, in Gott vollendet zu sein, vergöttlicht, emporgehoben in der Herrlichkeit, nur Licht, Friede und Freude zu sein, ganz sich selbst zu sein und dennoch ganz mit Gott vereint, ‹nichts anderes› und dennoch ‹alles› zu sein, ein Geschöpf zu sein und dennoch in den Himmel hinaufzusteigen, unsterblich und erfüllt vom Leben –, dann wissen wir es vor allem deshalb, da wir Maria in der Kirche kennen. Ohne diese ‹existenzielle› Kenntnis, ohne die ununterbrochene Gegenwart Mariens in der Kirche in der Gestalt des Gebetes und der Schönheit, der Güte und des Friedens, der Freude und Fülle, wäre dies alles nur ein bloßer ‹Lehrsatz› geblieben, etwas, das weder existenziell bestätigt noch wirklich angeeignet werden kann, nicht bloß als Dogma, sondern vor allem als Erfahrung und Kenntnis. Es ist wahrhaft kein Zufall, dass jedesmal, wenn die Mariologie, die Verehrung Mariens und die Freude an ihr am Verkümmern ist, auch die eschatologische Freude des christlichen Glaubens verkümmert. Die Kirche wird zu einer Agentur für Sozialreformen und Lebenskunde, und der ‹Säkularismus› zieht trumphierend, wenn auch Übelkeit erregend, ein.

Dieses ‹säkulare› Christentum, von dem wir heute so viel hören, ist vor allem ein Christentum ohne Erfahrung der ‹letzten Dinge›, das heißt ohne den Heiligen Geist und ohne Maria. Wenn wir denken, dass wir der Welt durch den Stumpfsinn und das Geschwätz unserer sozialen und politischen Äußerungen, unserer kläglichen Versuche, die weltlichen Experten in allen möglichen weltlichen ‹Befreiungen› zu übertreffen, helfen können (von Erlösung ist noch nicht einmal die Rede), dann werden wir, früher oder später, eine furchtbare Enttäuschung erleben. Denn das Wissen der Kirche um die ‹letzten Dinge› ist der einzige Ursprung der *Praxis* der Kirche in der Welt. Und allein was aus dieser Kenntnis und Erfahrung stammt: Glaube, Hoffnung und Liebe, ist fähig, die Kirche und jeden Christen zu lehren, was sie in dieser unentwegt sich wandelnden Welt und ihrer Geschichte zu tun haben. Mehr als alles andere brauchen wir heute ein neues Eintauchen, eine erneute Vertiefung in die kirchliche Erfahrung des Eschaton. Ohne die Kirche ist dies undenkbar, es bleibt ein ausschließliches Geschenk der Kirche an die Welt. Eine solche Vertiefung wird jedoch nicht möglich sein ohne ein Neuentdecken der eschatologischen Dimension des Mariengeheimnisses, ohne dass wir lernen, das Geheimnis des durch den Heiligen Geist uns geoffenbarten Königreichs in Maria zu betrachten und zu leben.

IV

Ich hoffe, ausreichend gesprochen zu haben, um wenigstens Eines zu zeigen: Dass Pneumatologie und Mariologie keineswegs zwei eigene und getrennte Bereiche in der christlichen Theologie und im christlichen Leben bilden, vielmehr auf eine höchst organische und wesentliche Weise miteinander verbunden sind. Ein sachgemäßes

Studium und Verständnis des Einen ohne das Andere wird weder vollständig noch genügend sein. Wenn die Mariologie heute verkümmert, so weil sie wohl allzu lange von der Pneumatologie getrennt blieb und somit im eigenen engen Horizont zu ersticken begann. Wenn die moderne Belebung des Interesses am Heiligen Geist, ja allgemeiner am ‹Spirituellen›, sich offenbar so oft nach falschen Richtungen und tragischen und gefährlichen Sackgassen ausgerichtet hat, so wohl aufgrund der Trennung vom spirituellen Leben der Kirche, in dessen Mitte die Marienkenntnis der Kirche steht.

Heute sind wir mehr denn je aufgefordert, ‹die Geister zu prüfen, ob sie aus Gott sind; denn viele falsche Propheten sind in die Welt ausgegangen› (1 Joh 4,1). Wie sollen wir sie prüfen, wenn nicht im wahren Glauben und im Leben der Kirche? Mehr denn je ist für uns der Augenblick gekommen, im Geheimnis Mariens ein sicheres und inspirierendes Kriterium für eine solche Prüfung neu zu entdecken und Maria mit Freude als die größte Gabe und Offenbarung des Heiligen Geistes anzunehmen.